Bist du ein Huhn

oder ein Adler

Mein aufrichtiger Dank gilt

Gisela Nehrbaß

Ohne ihre Beteiligung und Motivation,
wäre dieses Buch nicht entstanden

Steffen Bilawni

Für die Satz- und Covergestaltung

Ernst Crameri

Bist du ein Huhn oder ein Adler

Als Adler geboren und als Huhn im Hühnerstall gefangen

Wertvolle Tipps aus dem Leben, zur sofortigen Umsetzung

Bibliografische Information der Deutschen Nationalbibliothek
Die Deutsche Nationalbibliothek verzeichnet diese Publikation
in der Deutschen Nationalbibliografie; detaillierte bibliografische Daten sind
Internet über http://dnb.d-nb.de abrufbar.

© 2013 Ernst Crameri
Crameri-Naturkosmetik GmbH Beauty&Wellness

ISBN: 978-3-86689-018-3

Inhaltsverzeichnis

Vorwort 9
Arbeite mit dem Gelesenen 11
Wer bist du 13
Wie lange möchtest du noch so leben 23
Nimm dein Leben in deine Hände 28
Deine Glaubenssätze 31
Welche Glaubenssätze hast du 40
Frage dich stets – wer hat es gesagt 44
Ich bin ein Mensch 50
Bist du minimalistisch oder maximalistisch unterwegs 54
Benutzt du Alibigeschichten 60
Deine Opferstorys 65
Höre endlich auf zu jammern 72
Suche nie einen Schuldigen 76
Schenke dir den Perfektionismus 82
Adler trainieren täglich 87
Erfolg ist nicht alles 94
Biete anderen Menschen einen hohen Nutzen 97
Carpe diem 101
Das Schicksal meint es nicht gut mit dir 104
Das würde ich auch gerne machen 106
Dein Leben ist keine Generalprobe 111
Die Reichen werden immer reicher 113
Du hast die Wahl 117
Du bist der/die Größte 121
Du bist ein Adler 128
Ein Huhn legt nur ein Ei 134
Just do it 137

Ich habe mir alles anders vorgestellt 141
Die Erfolgsformel 144
Weißt du, wie man Erfolg schreibt 148
Abschlusswort 151
Meine und unsere Dienstleistungen 153
Ein Auszug aus unseren Werken 162

Vorwort

Lieber Leser,

danke, dass du dich um dein Wohl kümmerst. Es ist das Wichtigste, was du tun kannst, dich um dich selbst zu sorgen. Du hast dich ein einziges Mal, von Anbeginn bis zu deinem Lebensende. Da ist es für dich absolute Pflicht, Sorge zu tragen, dass es dir gut geht und du glücklich dein Leben verbringst. Sei lieb und zuvorkommend zu dir. Das Schlimmste, was ein Mensch machen kann, ist sich schlecht zu behandeln und womöglich noch zu beschimpfen. Dafür haben wir unser Leben nicht geschenkt bekommen. Du hast alles in dir, was du benötigst. Folglich mache eine große Meisterleistung daraus.

Ich schreibe das Buch in der „Du-Form," damit sich deine Seele angesprochen fühlt, „Sie" ist zu unpersönlich. Wenn du damit nicht leben kannst, weil du es als frech empfindest, mache aus dem „Du ein Sie" und schon passt es. Sollte dieses Buch für dich zur Katastrophe werden, verschenke es. Auch mir geht es manchmal so, ich kaufe ein Buch, freue mich darauf, fange an zu lesen und bemerke, oh je, oh je, das macht mir keine Freude. Das ist nicht mein Thema, der Stil gefällt mir nicht, da belaste ich mich nicht damit. Wozu auch, das Leben ist zu kostbar, um es mit Dingen zu verbringen und mich darüber zu ärgern. Das bedeutet Respekt vor sich zu haben, und sich zu schätzen.

Dich hat der Titel angesprochen, das große Thema „Bist du ein Huhn oder ein Adler?" Die meisten Menschen wären gerne und sind es auch, ein Adler, benehmen sich jedoch wie Hühner. Sind erstaunt, wenn eben nur solche Ergebnisse daraus entstehen. Das ist schade und vor allem unnötig. Auch wenn du in einem Hühnerstall aufgewachsen bist, heißt das noch lange nicht, dass du das Leben eines

Huhnes tristen musst. Im Gegenteil, der erste Schritt gilt klar der Erkennung und der Umsetzung. Jetzt und sofort, es gibt keinen Grund für dich zu warten.

Mache aus deinem Leben ein großes Werk, dass du zu jederzeit stolz darauf sein kannst. Das ist natürlich kein Geschenk des Himmels. Es wird dir auch nicht in den Schoß gelegt, das musst du dir erarbeiten. Das heißt, Tag für Tag dran bleiben und das Ganze noch zeitlebens. Du findest in diesem Buch immer wieder Aufgaben, bitte löse diese sofort und verschiebe sie nicht auf später. Sicherlich kennst du es bereits aus deinem Leben, ein „Später" gibt es oft für viele Dinge nicht. Das ist schade, wenn du das Buch bis zum Ende gelesen hast und sich nichts in deinem Leben ändert. Dann habe ich etwas falsch gemacht und das wollen wir beide nicht.

Ich wünsche dir von Herzen die Kraft und Power, dass du dein Leben endlich wie ein Adler lebst. Der Herrscher der Lüfte und nicht des Körnerpickers.

Alles Liebe und Gute

Dein Ernst Crameri

Arbeite mit dem Gelesenen

Wenn du in der Zeitung einen Artikel liest, ebenso ein Buch, arbeite daran. Setze dich damit auseinander, wenn es für dich von Relevanz ist. Das ist ein wichtiger Akt, denn dadurch bleiben die Dinge haften und werden ein Teil von dir selbst. Wir müssen bei diesem Prozedere leider gegen die Macht der Gewohnheit kämpfen. Diese ist allmächtig, begleitet uns häufig Jahre oder sogar Jahrzehnte. Sie ist tief verankert, läuft automatisch ab, ohne unser Zutun. Es ist bereits zu einem festen Teil von uns geworden, da gilt es aufzupassen. Leider werden neue Bestrebungen dermaßen sabotiert, dass diese kaum eine Chance haben, sich zu verankern, die Änderung eintritt.

Habe immer Bleistift und Leuchtmarker zur Hand
Ich arbeite permanent mit diesen Instrumenten, oft auch mit dem Kugelschreiber oder Filzstift. So kann ich wichtige Dinge sofort aufschreiben oder markieren, um sie leichter zu finden. Denn ich habe keine Lust und vor allem Zeit, manche Passagen von Anfang an wieder zu lesen. Dadurch kann ich bei Wiederholungen direkt auf die einzelnen Passagen springen. Wichtig ist, dass man sich sein Leben möglichst souverän und effizient gestaltet. Das hat nichts mit Glück zu tun, von dem oft behauptet wird, dass es ohne nicht geht. Dies ist leider eines der vielen Märchen und führt die Menschheit in die Irre. So gibt es manchen, der bis an sein Lebensende auf den großen Moment wartet, der nie kommt.

Teile jede Buchseite in zwei Hälften
Wenn du eine Seite anfängst zu lesen, höre in der Mitte der Seite auf und überlege dir, was es Wichtiges für dich und dein Leben, in diesem Abschnitt gibt. Sofort schreibst du in das obere weiße Feld deinen Leitsatz auf, dieser ist deine Erkenntnis. Schreibe keine Romane, sondern einen einzigen Satz oder auch Stichwort. Das Glei-

che machst du mit der unteren Hälfte. So angelst du dich von einer Seite zur anderen, in der Gewissheit, dass du die wichtigsten Dinge festgehalten hast. Wenn es für dich interessante Passagen gibt, markiere diese mit dem Leuchtmarker. Dadurch kannst du schnell darauf zu greifen.

Am Ende eines Kapitels
Dort fasst du die für dich fünf wichtigsten Leitsätze zusammen. Es hilft dir, die Quintessenz herauszukristallisieren. Am Ende des Buches machst du das große Finale. Aus allen Auflistungen holst du dir die fünf wichtigsten heraus. Wir bezeichnen die Leitsätze auch als Merksätze. Diese schreibst du auf kleine Karten und verteilst sie überall dort, wo du dich oft aufhältst. Eine steckst du in deine Hosentasche, so wirst du permanent daran erinnert. In der permanenten Wiederholung liegt die Kraft, dass es Wirklichkeit wird. Ein Prozess, den du bewusst steuern musst. Unterliege nicht dem Irrglauben, dass sich die Dinge von selbst richten werden. Ohne deine aktive Hilfe wird sich nichts tun.

Gehe diszipliniert vor
Die Gefahr ist groß, dass du das Buch einfach durchliest, um später in die Tiefe zu gehen und die Aufgaben zu lösen. Wie oft hast du in deinem Leben Dinge auf später verschoben? Und wie häufig hast du es schlussendlich gemacht? Tja, darüber sollten wir vielleicht lieber nicht reden. Du kennst es sicherlich, Verschieberitis ist eine große Untugend und führt ins Nichts. Du hast das Buch gekauft, um etwas zu erreichen. Je intensiver du mitmachst, desto leichter und schneller wird es in dein Leben implementiert. Lese hierzu auch mein Buch "Hast du auch diese schlimme Krankheit Verschieberitis!"

Wer bist du

Hast du dir darüber jemals Gedanken gemacht? Oder gehörst du zu denen, die es nehmen, wie es ist? Egal, wie du es handhabst, es lohnt sich, dass du dich hinsetzt und dir ernsthaft Gedanken darüber machst. Wir werden uns gemeinsam darum kümmern. Selbsterkenntnis ist nach wie vor der beste Weg. Nicht zur Besserung, wie der Volksmund sagt, sondern zu einem erfolgreichen und glücklichen Leben, um das geht es in erster Linie. Selbstbestimmt durchs Leben zu gehen, gezielt nach vorne zu schauen.

Wieso bist du auf der Erde

Natürlich können wir es auf den sexuellen Akt der Eltern reduzieren. Da gibt es aber noch weitere Gründe, mache dir ernsthafte Gedanken darüber. Was ist deine oder sollte deine Funktion auf Erden sein?

1.) _____

2.) _____

3.) _____

Drei Positionen, die dir einen Überblick geben. Wenn du jetzt auf der Suche nach der Antwort bist, ist es von großer Wichtigkeit, dass du dich nicht zu lange mit Suchen aufhältst. Denn je länger das Ganze dauert, desto blockierter wirst du. Dann fällt dir überhaupt nichts ein und das wäre traurig. Also, bei allen Fragen immer sofort festhalten und aufschrieben.

Dein Fazit: _____

Was ist deine Berufung

Zu was fühlst du dich berufen? Das ist enorm wichtig, da die meisten sich fast ein Leben lang quälen. Dafür haben wir niemals unser Leben erhalten. Wie viele Menschen kennst du, für die die Arbeit eine reine Qual ist und die es förmlich anwidert? Sie tun es kund, mit Aussagen wie „Es kotzt mich an" und weiteren netten Geschichten. Das kann und darf nicht wahr sein. Überlege einmal, was du dir da antust. Alleine schon der Spruch

„Es kotzt mich an!"

Die selbst erfüllende Prophezeiung kommt hundertprozentig zum Tragen. Das ist nicht besonders lustig und erheiternd. Es müsste lauten „Ich gehe gerne zur Arbeit, ein absoluter Traum. Ich liebe meine Arbeit über alles und gehe total darin auf." Das wäre doch wundervoll, so in seiner Berufung zu stehen. Schreibe nachfolgend deine Berufung auf oder sogar mehrere.

1.) _____

2.) _____

3.) _____

4.) _____

5.) _____

Was denkst du, hast du deine Berufung gefunden? Die meisten sagen mir, dass das nicht leicht wäre, dies hat auch niemand behauptet. Seine Berufung zu finden, ist häufig ein Akt und dauert seine Zeit, wichtig ist, dass man sie zeitlebens findet. Zuständig für die Findung sind normalerweise die Eltern und Lehrer, die durch ihre Art der Erziehung helfen, dass sich Kinder und Jugendliche finden. Leider ist jedoch oft das Gegenteil der Fall. Das ist schade, weil sich die meisten Menschen dadurch unendlich quälen und dabei logischerweise unglücklich werden. Nun, da gibt es noch die Berufsberater, klasse, der Grundgedanke ist gut, aber die Ergebnisse. Na ja, das wollen wir nicht weiter vertiefen.

Dein Fazit: _____

Was macht dich glücklich

Kennst du dich mit den Dingen aus, die dich glücklich machen? Ich hoffe ja, denn du bist für dein Glück alleine verantwortlich. Niemand anderem kannst du die Schuld für irgendetwas geben. Du hast alles in dir, folglich trage es mit Bravour und mache eine große Meisterleistung daraus. Leider machen sich die wenigsten darüber Gedanken. Da wird wild drauflos gelebt und gejammert, dass sich die Balken biegen. Siehe hierzu auch mein Buch „Höre endlich auf zu jammern!" Nimm dein Leben in deine Hände und fange endlich an, wie ein Adler zu fliegen. Nicht wie die Hühner, die ewig am Rumgackern sind, damit kommst du niemals weiter. Schreibe alle Punkte auf, die dich glücklich machen.

1.) _____

2.) _____

3.) _____

4.) _____

5.) _____

6.) _____

7.) _____

8.) _____

9.) _____

10.) _____

Ich hoffe, du hast deine zehn Punkte gefunden. Wenn nein, ist das schade. Denn glücklich sein, ist das Grundrecht jedes Menschen. Die wenigsten nutzen es für sich, da wird lieber in Problemen gebadet. Man schlachtet sie aus und macht buchstäblich aus jeder Mücke einen Elefanten. Da hat man wieder eine Zeitlang seine Beschäftigung. So kann man natürlich auch sein Leben verbringen, das ist jedoch traurig und vor allem unnötig. Kristallisiere aus den zehn Punkten die drei heraus, die dich am glücklichsten machen.

1.) _____

2.) _____

3.) _____

Vielleicht fragst du dich, wieso nur drei? Weil drei gut überschaubar sind, es sind deine drei wichtigsten Punkte. Schreibe diese auf kleine Karteikärtchen und verteile sie überall in deiner Umgebung. Auto, Bad, Schlafzimmer, Wohnzimmer, Küche, Büro und wo du dich sonst aufhältst. Auch wenn vielleicht der eine oder andere deiner Mitbewohner meint, du bist ein wenig durchgeknallt. Lasse diese ruhig in diesem Glauben, das macht überhaupt nichts. Viel wichtiger ist, welche Meinung du von dir hast, denn wenn diese stimmt, bist du auf dem richtigen Weg.

Dein Fazit: _____

Was ist Glück

Der Zustand, den du erreichst, wenn du die Dinge richtig nach deinem eigenen Sein gestaltest und machst. Viele glauben, dass Glück etwas mit Zufall zu tun hat und von alleine kommt. Das ist ein Trugschluss und mitverantwortlich dafür, dass es die wenigsten erreichen. Viele rennen ihr Leben lang dem Glück hinterher, sind erstaunt, traurig und zugleich zornig, es nie zu erreichen. Da wünscht man sich Glück, auf dass es werden möge. Aber von alleine hat sich noch nie etwas getan. Da können wir beten, hoffen, bangen und vieles mehr. Aus diesem Grunde ist es für dich wichtig, dass du dir ernsthaft Gedanken darüber machst und intensiv an dir arbeitest, damit du dein Glück selber kreierst. Wie sagt der Volksmund treffend.

„Jeder ist seines Glückes Schmied!"

Was macht dich unglücklich

Das ist ein Punkt, um den sich die Menschheit kaum kümmert. Diese Momente werden leider nicht festgehalten, analysiert und geplant, dass man da nie hingelangt. Man spricht lieber von Glück, Unglück und von der Hoffnung, dass es noch wird. Dabei sind es die elementarsten Dinge, um die man sich selbst kümmern sollte. Nie etwas dem Zufall zu überlassen. Da äußert man höchstens solche Sätze wie „Ich habe langsam aber sicher die Nase voll, mir reicht es jetzt, das lasse ich mir nicht länger bieten!"

Das war es dann, selten lässt man Taten folgen. Immer nur die Sprüche und nichts daran ändern. Das ist fatal und auf Dauer ungesund. Notiere alles, was dich unglücklich macht. Situationen, Menschen und vieles mehr. Je ehrlicher du bist, desto leichter können die Situationen in Angriff genommen werden, dass es in Zukunft passt.

1.) _____

2.) _____

3.) _____

4.) _____

5.) _____

6.) _____

7.) _____

8.) _____

9.) _____

10.) _____

Wie ist dein Empfinden, wie geht es dir? Fühlst du dich erleichtert, wie das viele Teilnehmer meist mitteilen? „Mir geht es jetzt besser!" Das ist doch wunderbar und befreiend. In der Tat, die Dinge auf Papier zu schreiben, holt sie aus der Grauzone unserer Seele und des Unterbewusstseins heraus. Sie stehen schwarz auf weiß und sind damit nicht zu verleugnen. Man kann mit ihnen arbeiten und sie richten, dass es passt. Suche dir die drei schlimmsten Zustände heraus.

1.) _____

2.) _____

3.) _____

Auch hier geht leider nicht alles auf einmal, wie wir es gerne hätten. Kurz eine Idee und alles ist in Ordnung. Dem ist nicht so und wird auch nie so sein. Du bist für dich verantwortlich, ob es dir gut geht oder nicht, kannst keinem die Schuld geben. Nur du hast den Schlüssel zu deinem Innersten, der Veränderung, niemand anderes hat hier Zutritt.

Dein Fazit: _____

Wie lange willst du noch so weitermachen
Das ist für mich die nächste Frage, als Seminarleiter und Erfolgs-Coach „Wie lange willst du noch so weitermachen?" Da höre ich häufig „Ja, das weiß ich nicht!" „Ja, wer weiß es dann?" „Das weiß ich auch nicht!" So läuft es ab und welche Chance haben wir hier anzugreifen? Doch keine, wenn man selbst nichts weiß, wer soll es dann wissen. Höchstens noch die Mutter, aber mit ihrer Sichtweise werden wir kaum einverstanden sein, es ist nicht die unsrige. Wie lautet der Spruch

„**Hilf dir selbst – dann hilft dir Gott!**"

Da ist Wahres dran, ob wir jetzt an Gott glauben oder nicht. Es geht ausschließlich darum, dass wenn ich mich in Bewegung setze, erzeuge ich einen Schöpfungsakt und daraus entstehen neue Dinge. Frage ist, positiver oder negativer Natur. Beantworte die Frage, klar, konkret, messbar und unmissverständlich, wie lange du noch weitermachen willst? Eine Woche, einen Monat, ein Jahr oder Jahrzehnte? Du musst zu einer Entscheidung kommen, das ist alles.

Wieso willst du zu diesem Zeitpunkt die Änderung einleiten?

_____

Wieso fängst du nicht früher an?

_____

Wieso willst du später anfangen?

_____

Gib bitte zu jeder Frage, die entsprechende Antwort. Gewöhne es dir an, sofort eine Antwort parat zu haben. Denn auf dem Weg zum Adler, zum Herrscher der Lüfte, kann es nicht sein, unwissend durchs Leben zu stiefeln. Alles hat einen tieferen Sinn, diesen gilt es zu finden. Auch wenn dir womöglich dein Unterbewusstsein sagt, dass dies alles Blödsinn und totaler Quatsch wäre. Sogar unnötig, da es Dinge zwischen Himmel und Erde gibt, die so sind, wie sie sind. Das hört sich doch gut an, oder?

Dein Fazit: _____

Ist es das Leben, welches du dir vorgestellt hast
Ja oder nein? Eine klare Frage verlangt nach einer klaren Antwort, ohne Wenn und Aber, irgendeine Verzögerung. Je klarer du bist, um so weiter kommst du im Leben. Du wirst dadurch viel Erfolg dein eigen nennen können. Du musst es zulassen und alles daran setzen, dass es funktioniert. Es ist für viele wesentlich leichter, mit den Hühnern rumzugackern. Nach dem Prinzip von

„**Auch ein blindes Huhn findet mal ein Korn!**"

Das kann und darf jedoch nie deine Lebensdevise sein. Davon bin ich überzeugt, sonst hättest du dieses Buch nie gekauft. Ich gehe davon aus, dass du ernsthaftes Interesse hast, das sogenannte Hühnerleben zu verlassen und ab sofort das Leben eines Adlers führen möchtest. Es lohnt sich und ist die Erfüllung, du musst es wollen und dann zulassen. Schreibe nachfolgend auf, ob das Leben, welches du führst, tatsächlich das von dir ursprünglich gewünschte ist.

1.) _____

2.) _____

2.) _____

4.) _____

5.) _____

Wie ist es für dich? Vielleicht hast du schon bemerkt, dass ich mich permanent nach deinem Wohlergehen erkundige. Höre unbedingt auf deine innere Stimme. Dort erhältst du die gesamten Botschaften, die für dich wichtig sind. Da weißt du auch jeweils, was zu tun ist. Wir gehen davon aus, dass wir dermaßen intelligent und clever sind. Dem ist aber nicht so, sonst würden wir bestimmt nicht als Huhn leben, obwohl wir ein Adler sind. Also kann es hier nicht weit her sein. Da reicht es, dass solche Leute wie die Eltern, Kindergärtnerinnen und Lehrer kommen, behaupten, dass wir Hühner sind und schon glauben wir dies. Da wird nichts infrage gestellt, ob es noch etwas anderes gibt. Wahnsinn, wie leicht die Lämmchen ins Verderben zu führen sind. Obwohl man selbst im Inneren spürt, dass da mehr vorhanden sein muss.

Dein Fazit: _____

Lebst du dein Leben oder bist du fremdbestimmt

Das ist für mich die wichtigste Frage. Leider sind fast die meisten Menschen fremdbestimmt, nur gibt das keiner zu, weil man es oft nicht merkt, dies ist beschämend. Das möchten die Menschen natürlich auch nicht, also wird es unter den Teppich gekehrt. In der wohl oder üblen Hoffnung, dass es irgendwie gehen wird. Super, keine sehr lustige Ausgangsbasis. Notiere, ob du wirklich dein Leben lebst oder fremdbestimmt bist.

1.) _____

2.) _____

3.) _____

4.) _____

5.) _____

Was denkst du? Ich hoffe, dass du selbstbestimmt lebst, wenn nicht, ist es zwingend notwendig, dass alles eingeleitet wird, um diesen Zustand sofort zu ändern. Denn jeder Tag, an dem es länger dauert, ist ein unnötiger Tag, der Zeit und Kraft kostet. Lese darüber im Kapitel Glaubenssätze, dort findest du wertvolle Infos. Ich bin mir sicher, dass du dich zig Mal erkennen wirst.

Dein Fazit: _____

Wie lange möchtest du noch so leben

Wie lange noch, einen Tag, zwei, drei, eine Woche, einen Monat, Jahre oder bis an dein Lebensende? Diese Frage kannst nur du beantworten. Ich finde es genial, dass wir die Wahl haben. Zu jeder Zeit können wir eine Entscheidung treffen. Leider wissen dies anscheinend die meisten nicht, glauben der eingeschlagene Weg, müsste bis ans Lebensende beibehalten werden. Solch eine Einstellung ist fatal. Damit machen wir uns unnötig klein, entziehen uns jeglicher Chance auf eine Veränderung, das darfst du niemals zulassen. Dies ist doch ein wenig komplexer, vor allem hat es mit unseren Glaubenssätzen zu tun. Darüber Näheres in einem späteren Kapitel.

Stelle dir diese Frage immer wieder

„Wie lange will ich noch so leben?" Diese Frage solltest du dir täglich stellen? Viele spüren ab und zu ein Unbehagen, ändern aber nichts an der Situation. Das ist traurig, wenn man sich durch die eigene Einstellung, jeglicher Chance beraubt, da gilt es Abhilfe zu schaffen. Das Problem ist aber, wenn man mit lauter Hühnern zusammenlebt, die den ganzen Tag nur rumgackern, wirst du keine andere Perspektive dein eigen nennen. Du musst dich gezielt auf den Weg machen und in die Adlerschule gehen. Lasse dich von einem Erfolgs-Coach trainieren, der ein erfolgreicher Adler ist, er zeigt dir, wie es geht. Wichtig ist, sich permanent zu überprüfen. Wenn wir sofort Korrekturen vornehmen, sind es meistens kleine. Bei zu langem Warten, werden sie größer und die Wahrscheinlichkeit, dass wir dann sagen

„Ach, das gibt eh alles keinen Sinn mehr"

ist relativ groß und das ist bedauerlich, dann lege jetzt sofort los.

Du kannst es ändern, wenn du willst
Das ist eine klare Ansage an dich. Du bist nicht verpflichtet, dein Leben dermaßen weiter zu leben, bis ans Ende deiner Tage. Du kannst genau in diesem Augenblick, die Änderung einleiten. Das ist wunderbar, dass wir alle Möglichkeiten in uns vereint haben. Viele glauben, dass man an der Situation leider nichts ändern kann. Schicksalsgebundene Systeme zum Tragen kommen, diese außerhalb unseres Einflussbereiches liegen. Das ist in keinster Art und Weise so.

Wir glauben nur, dass was wir sehen und kennen. Wenn dein gesamtes Umfeld dermaßen lebt, diese Dinge permanent verbal ausdrückt, schließt sich der Kreis langsam. Du verbindest es noch mit deinen Erfahrungen und schon ist es perfekt. Sofort heißt es „Es ist, wie es ist" und damit fertig. Keine Chance, keine Möglichkeiten, nichts, die Kapitulation ist perfekt. Dabei ist es nicht deine Außenwelt, sondern du hast es durch deine „Denke" verursacht. Hierzu gibt es eine wunderschöne Aussage von Walt Disney

„If you can dream it – you can do it!"

Das heißt, alles ist möglich, woran du denkst, was du dir vorstellen kannst und dir wünschst.

Du hast es in deiner Hand
Führe dir das immer wieder vor Augen, du hast es in deiner Hand. Musst in deinem Kopf einen Schalter umkippen, dieser lautet Erfolg. Die meisten haben ihn auf Misserfolg eingestellt, folglich Schalter umkippen und los geht es. Dies bedingt, dass du von Anfang an, in Gedanken deine alte Welt verlässt und bereits in der neuen lebst. Sonst funktioniert das leider nicht. Viele möchten gerne in die neue Welt schreiten, klammern jedoch an der alten, dass es nicht funktioniert. Bildlich dargestellt ist es, wie wenn du ein Spagat machst. In dieser Stellung wirst du nicht lange verharren können. Erstens macht es weh und irgendwann zerreißt es

dich förmlich. Anstatt den Schritt zu vollziehen, wird lieber ein Rückzieher gemacht. Der Schmerz, die Pein, die dabei entstanden sind, programmieren sich tief ein, dass man solch eine Situation in Zukunft besser vermeidet. Man wird alles daran setzen, klagt und jammert über das Alte, hat jedoch den Vorteil der Vertrautheit, und dass man kein Risiko eingehen muss.

Bis eben auf die Traurigkeit, dass alles so bleibt, wie es ist und man nur noch ein wenig träumen kann. Irgendwann in das Alter einsteigt, frustriert, völlig enttäuscht von der Welt und vom eigenen Leben. Welches häufig in Aussagen kundgetan wird wie „Ich habe mir alles ein wenig anders vorgestellt," und „Das soll alles gewesen sein?" Das nenne ich die bittere Altersfalle. Sorge unbedingt dafür, dass du nicht in diese Falle gerätst. Setze alles daran, ein selbstbestimmtes und glückliches Leben zu führen. Du hast alles in dir, um es intensiv zu leben, musst es nur anpacken. Den ersten Schritt hast du bereits durch den Kauf dieses Buches getan, jetzt geht es an die Umsetzung.

Gelange zu einer Entscheidung
Es könnte einfach sein, wenn wir es nicht kompliziert gestalten würden. Es ist wohl unser Leben, wie die große breite Masse zu leben, du kannst dich aber entscheiden, davon trennen. Ich bin in einem gutbürgerlichen Elternhaus aufgewachsen und spürte bereits früh, dass ich nicht solch ein Leben führen möchte, dies nicht meine Welt ist. Es noch andere Dinge gibt, als permanent zu sparen, das Geld weder vorne noch hinten reicht. Bloß nicht auffallen, was könnten die anderen denken. Es ist halt, wie es ist und weitere einschränkende Glaubenssätze. Ich bin mir sicher, dass du auch solche ähnlichen Geschichten kennst. Frage ist, möchtest du so leben, oder willst du eine Änderung? „Ja, wenn es so leicht wäre!" höre ich häufig auf den Schulungen und Coachings. Meine Gegenfrage hierzu

„Ist dein jetziges Leben einfach und leicht?"

Nein, natürlich nicht. Merkst du was, es ist weder einfach noch schwer, es ist genau das, was wir daraus machen, das ist alles. Wir können eine große Meisterleistung hinlegen oder das Gegenteil.

Was bedeutet das Wort Entscheidung
Ich liebe die deutsche Sprache, auch wenn es für mich eine Fremdsprache ist. Meine Muttersprache ist Rätoromanisch, die vierte Landessprache der Schweiz. Deutsch finde ich unheimlich genial, man muss diese Sprache über alles lieben. In dem Wort Entscheidung ist enthalten „Ent - scheidung" das Ende, die Scheidung davon. Du kannst nicht erfolgreich und zugleich erfolglos sein. Das geht nicht, du bist das eine oder das andere. Denn um erfolglos zu sein oder zu bleiben, musst du nur permanent die gleichen Dinge tun, um dahin zu gelangen.

Genauso musst du um erfolgreich zu sein, zu bleiben oder auch zu werden, permanent bestimmte Dinge tun. Es hat etwas mit deiner Aussaat zu tun. Du wirst nur das ernten, was du gesät hast. Es handelt sich um das Prinzip von Ursache und Wirkung. Du erntest die Wirkung der vorausgegangenen Ursachen. Ein absoluter Traum, den wir uns gestalten können, wie es uns Freude bereitet, so sollte es doch auch sein.

Was wirst du tun
„Kommt darauf an" höre ich häufig bei dieser Frage. „Auf was denn?" „Weiß ich doch nicht!" „Ja, wer weiß es dann?" „Weiß ich nicht!" Erkennst du dich? Du solltest bei den Fragen ruhig ehrlich sein. Selbst wenn man dir beigebracht hat, dies nie zu sein und mehr zu scheinen, als man ist. Es wird nichts mehr gefürchtet, wie sich zu outen. Welch ein Schwachsinn, man kann viele belügen, aber bitte niemals sich selbst. Das ist das Schlimmste und zugleich Dümmste, was man sich antun kann. Schließlich lebt man mit sich ein Leben lang zusammen, folglich schenke dir das ab sofort. Wahrheit und Klarheit, das oberste Gebot sich selbst gegenüber.

Und wenn man es noch nach außen praktiziert, um so besser. Lebe dein Leben, lebe dich und nie das Leben der anderen. Aus diesem Grunde, musst du dir bewusst sein und werden, was willst du, willst du wirklich und was nie wieder? Dann stehe dazu und gehe nie mehr einen Schritt zurück, oder weiche davon ab. Dadurch gelangst du in den Bereich der Lebensfreude.

Nimm dein Leben in deine Hände

Ich bin erstaunt, wie wenig Menschen letztlich ihr eigenes Leben leben. Relativ oft höre ich „Es wäre schon schön, aber.........!" Wie viel Ohnmächtigkeit liegt darin, Traurigkeit und Elend, wieso all das? Weil man nicht imstande ist, sein Leben voll und ganz anzupacken, lieber herumeiert und sich der großen Trägheit hingibt. Die Jammer-Nummer scheint für die meisten Menschen zu einer fiktiven Größe herangewachsen zu sein, dass es nichts anderes gibt. Wenn der Mund aufgemacht wird, wird gejammert und wie. Wie viel Energie dadurch zerstört wird, ist unglaublich. Das Ganze stets unter dem Deckmäntelchen von „Ich würde ja schon gerne, aber....!" Unverzüglich folgen die Alibigeschichten und Opferstorys. Mehr darüber in einem der nachfolgenden Kapitel.

Du kannst es formen

Du kannst dein Leben hundertprozentig gestalten, wie du es gerne hättest. Es hängt ausschließlich von deiner Einstellung ab, nicht von der gegebenen Situation. Ein Adler zeigt stets die absolute Souveränität. Hühner sind nur am rumgackern. Was hast du für eine Einstellung, eine positive oder negative? Kommt darauf an, ist oft die Antwort. Genau, ewig dieses Halbschwangere, das kann ja nur krankmachen. Folglich verlasse schleunigst diesen Blödsinn und entscheide dich für oder gegen deinen Erfolg. Entweder bist du ein Adler, mit allen Konsequenzen, oder du bleibst eben ein Huhn.

Dann aber bitte ohne ewiges Gejammere und Wehgeklage. Klappe halten, den ganzen Tag gackern und Körner picken. Vielleicht findest du das ein wenig frech von mir. Das macht überhaupt nichts, ist völlig in Ordnung. Sogar sehr gut, damit habe ich wenigstens etwas in dir getroffen. Ich habe dich betroffen gemacht und das ist gut. Vielleicht besteht dann die Chance, dass du aufwachst und sagst „Ich ärgere mich über diesen frechen Typen, er hat aber irgendwo recht, also packe ich es an!" Das Buch ist absolut kein Beweihräucherungs-Buch, das brauchen wir nicht. Wir benötigen Fakten, daraus resultierend von deiner Seite aus, klare Entscheidungen und dann läuft es.

Du hast alle Möglichkeiten
Ich finde es großartig, wie viele Möglichkeiten wir haben. Was uns zur Verfügung steht, welch großartige Perspektiven. Erschreckend auf der anderen Seite, wie wenig wir davon nutzen. Wie sehr wir uns in unserem Fokus und Radius einschränken. Buchstäblich ein Hühnerleben, womöglich sogar noch in einem Käfig, als reines Legehuhn eingesperrt. Ja, so kommen mir viele Menschen vor. Burnouts und die anderen Erschöpfungsarten sprechen eine deutliche Sprache. Schade und traurig, wenn man dermaßen mit sich umgeht. Dazu haben wir nicht unser Leben geschenkt bekommen.

Jeder von uns hat alle Fähigkeiten in sich vereint. Im Volksmund sagt man, es gibt halt „Dumme" und „Kluge," das war es. Die Situation stellt sich aber ein wenig anders dar. Es gibt Menschen, die arbeiten intensiv an den mitbekommenen Fähigkeiten, bauen diese weiter aus und arbeiten Tag für Tag daran.

Das Prinzip von

„Long life learning!"

Andere glauben, einmal die Schule besucht, womöglich noch eine Lehre, dass dies ein Leben lang ausreicht. Nun denn, jedem geschehe nach seiner Fasson.

Das Leben ist wie Wachs in deinen Händen
Stell dir vor, dein Leben bestünde aus einem Klumpen Wachs, den hältst du in deinen Händen und daraus kannst du alles formen, es aber auch lassen, alles ist möglich. Es liegt buchstäblich in deinen

Händen. Zuerst ist dein Geist gefragt, was stellt sich dieser vor? Dann geht es durch deine Hände, du fängst an zu formen und zu gestalten. Ein Traum, wenn man dies verstanden hat, eine immense Zufriedenheit durchströmt dich. Dazu gesellt sich ein unbeschreibliches Glücksgefühl, das seinesgleichen sucht. Viele Menschen streben nach Glück, wünschen es sich von ganzem Herzen, vergessen aber anzufangen.

Du kannst ein großes Meisterwerk machen oder nicht
Lese dir diesen Satz mehrmals durch. Du kannst ein Meisterwerk machen, sogar über deinen Tod hinaus oder nicht. Kannst unendlich viel Gutes tun oder von der Hand in den Mund leben. Du musst nur eine Entscheidung fällen und genau da tun sich viele Menschen schwer. Vor lauter Angst eine falsche Entscheidung zu fällen, wird lieber keine gefällt. Wobei das auch eine Entscheidung ist. Mehr darüber in meinem Buch „Trainiere endlich deinen Entscheidungsmuskel!"

Deine Glaubenssätze

Oh je, oh je, genau hier beginnt meistens das große Chaos. Wir sind übervoll von Glaubenssätzen, die man uns zeitlebens eingehämmert hat. Mal stärker, mal schwächer, jedoch meist in einer Penetranz, die ihresgleichen sucht. Das hat bereits als Baby angefangen und zieht sich bis ans Lebensende durch. Da gibt es Menschen, die werden nimmer müde uns zu sagen, was richtig und falsch ist. Was wir tun müssen und was lassen. Wie das Leben wirklich ist und weiteren Schwachsinn. Was sind das für Menschen? Überprüfe sofort für dich, was das für Spezialisten sind, die dies permanent tun.

Wer hat dir etwas gesagt und was

Unterschätze dies bitte nicht, analysiere es und nimm es nicht auf die leichte Schulter. Denn dein armes Unterbewusstsein ist voll von dem Schrott. Natürlich gibt es sicherlich ein paar gute Suggestionen. Die meisten sind leider negativer Natur, dass du nicht erstaunt sein darfst, dass es dich blockiert, das ist schade und traurig. Aus diesem Grunde stellen wir uns jetzt der Situation. Denke daran, du bist als Adler geboren und man hat dir gesagt, dass du ein Huhn bist, hat dich im Hühnerstall großgezogen und kleingehalten. Fatal, und die meisten glauben es, das ist das Allerschlimmste. Sie spüren in sich, dass es da noch mehr geben muss. Falls man den Mut hat, darüber zu sprechen, hält man einem sofort wieder klein. Schreibe auf, wer dir permanent etwas gesagt hat und was?

Wer hat etwas gesagt?	Was wurde gesagt?	Wirkung?
1.) _____	_____	_____
2.) _____	_____	_____

3.) _____   _____   _____

4.) _____   _____   _____

5.) _____   _____   _____

6.) _____   _____   _____

7.) _____   _____   _____

8.) _____   _____   _____

9.) _____   _____   _____

10.) _____   _____   _____

Was denkst du, wie fühlt sich das an? Wie geht es dir? Als ich vor vielen Jahren, dies das erste Mal gemacht habe, bin ich richtig erschrocken. Wie Schuppen ist es mir von den Augen gefallen. Vieles ist mir bewusst geworden, wieso ich dermaßen reagiere, in manchen Dingen blockiert war. Das hatte tiefere Gründe, die sich in meinem Unterbewusstsein eingeprägt haben. Diese teilweise elendigen Glaubenssätze, die mehr zerstören und behindern, als sie gut tun. Ich war und bin bis heute unendlich froh, es verstanden zu haben.

Dein Fazit: _____

Welches sind deine drei schlimmsten Erfolgsverhinderer

Ich gehe davon aus, dass du die Aufgabe mit Bravour gelöst hast. Auch wenn es dir vielleicht nicht leicht von der Hand ging. Denn alles was man das erste Mal macht, ist ein wenig komplex und nicht leicht zu händeln. Dennoch existenziell wichtig, bringt es uns doch zum Kern unseres Daseins. Die Herauskristallisierung des Wesentlichen ist der entscheidende Punkt. Nur wenn ich es klar und deutlich erkennen kann, habe ich die Chance, die Dinge zu ändern, dass es passt. Wenn du dir nachfolgend deine zehn Punkte anschaust, welche drei sind für dich die gravierendsten? Wir müssen es reduzieren, denn du kannst unmöglich überall gleichzeitig angreifen. Das hat uns die Geschichte deutlich gezeigt, wer überall angreift, verliert. Folglich suchen wir uns die drei schlimmsten und gravierendsten Aussagen heraus. Bitte schreibe Sie der Reihenfolge nach auf. Das heißt, die Wichtigste natürlich an erster Stelle.

Wer hat etwas gesagt?   Was wurde gesagt?   Wirkung?

1.) _____ _____ _____

2.) _____ _____ _____

3.) _____ _____ _____

Wieso hast du diese Drei ausgesucht? Was bedeuten sie für dich? Was haben sie und was tun sie in dir verursachen? Schreibe es ausführlich hin.

Nr. 1 _____

Nr. 2 _____

Nr. 3 _____

Was geschieht, wenn du keine Änderung einleitest? Wie geht es weiter, was sind die Ergebnisse?

Nr. 1 _____

Nr. 2 _____

Nr. 3 _____

Wenn du dir das anschaust, was denkst du? Was fühlst du? Wie geht es dir? Ich wurde damals erst traurig, denn mir war bewusst, was dadurch alles passiert ist. Viele meiner Verhaltensmuster waren mir plötzlich klar. Ich konnte endlich nachvollziehen, was in mir passiert ist. Dieser ewige Machtkampf zwischen gerne haben wollen und irgendwoher immer diese Blockade zu spüren. Wie gefesselt zu sein, eine furchtbare Situation. Aus meiner Traurigkeit heraus wuchs ein groß werdender Zorn auf die Menschen, die nimmermüde wurden, mir die Glaubenssätze einzutrichtern. Mit einer Vehemenz und einer Macht, unglaublich. Irgendwann, nach einer leider viel zu langen Zeit, habe ich begriffen, dass wenn ich zornig und wütend bin, sogar teilweise mit Hass unterlegt, es die anderen nicht erreicht, sondern mir am meisten schadet.

Ich habe mit einigen dieser Beeinflusser gesprochen, sie verstanden mich nicht. Im Gegenteil, sie wurden teilweise sogar wütend und unterstellten mir Undankbarkeit, für all das, was sie für mich getan haben. Am Schlimmsten waren die aus den eigenen Reihen. So stand ich, doppelt getroffen und in einer noch schlimmeren Situation. Ich wollte nur ein wenig Verständnis und wissen, wieso man dies tut, es war mir leider versagt. Jetzt hatte ich zwei Möglichkeiten, entweder daran zugrunde zu gehen, das wollte ich jedoch nicht, denn ich hatte wunderschöne Träume und Ziele. Folglich zog ich die zweite Wahl ins Kalkül, jetzt erst recht und wie.

Dein Fazit: _____

Welches sind deine drei besten Glaubenssätze
Nun, es gibt ja nicht nur negative Glaubenssätze, sondern auch die positiven. Wenn ich da an einen meiner Lehrer denke, der mir im

Alter von 13 Jahren gesagt hat, dass ich ein begnadeter Schreiber bin, wundervoll war das. Es hat leider viele Jahrzehnte gedauert, bis ich es endgültig gecheckt habe, so sehr überwiegte der Müll, den ich natürlich zugelassen habe. Als ich noch klein war, da darf ich mich und uns alle in Schutz nehmen. Ab dem 18. Lebensjahr nicht mehr, da beginnt unsere Volljährigkeit und damit die Möglichkeit, zu klaren Entscheidungen zu gelangen. Meistens haben wir sie nicht genutzt. Was hast du für Glaubenssätze gehört? Deine Eltern, die dir jeden Tag gesagt haben „Schatz du bist wunderbar, aus dir wird etwas Großes, wir sind unendlich stolz auf dich. Wir sind glücklich, dass es dich gibt. Du bist für uns eine riesen Bereicherung, wir lieben dich über alles, wirst einmal sehr berühmt werden. Viel Geld besitzen, mit all deinen großartigen Fähigkeiten!"

Dann die Lehrer „Ach, da kommt unser Genie. Wenn nur alle Schüler so großartig wären, wie du. Du bist genial! Du gehst deinen Weg, wirst Karriere machen. Lernst ungemein schnell und hast eine großartige Auffassungsgabe, ein Traum. Du bist absolut ein Ausnahmeschüler." Genau so geht es mit deinen Verwandten, Nachbarn und Freunden weiter. War das so? Bestimmt musst du jetzt lachen und denkst, schön wäre es gewesen, leider war das Gegenteil der Fall, du bist in bester Gesellschaft, mit zirka 98% der Menschheit. Folglich mache dir keine ernsthaften Sorgen, du bist völlig normal erzogen worden. Nun suche dennoch nach einigen positiven Glaubenssätzen.

Wer hat etwas gesagt? Was wurde gesagt? Wirkung?

1.) _____ _____ _____

2.) _____ _____ _____

3.) _____ _____ _____

Wieso hast du diese Drei ausgesucht? Was bedeuten sie für dich? Was haben sie und tun sie noch immer in dir verursachen? Was hat sich dadurch Positives in deinem Leben getan? Schreibe es ausführlich hin.

Nr. 1 _____

Nr. 2 _____

Nr. 3 _____

Wie geht es dir? Diese Frage solltest du dir permanent stellen, denn sie ist das Maß deines Lebens. Wenn es dir gut geht, bist du voll leistungsfähig. Wenn du dich hingegen schlecht fühlst, kostet es dich unnötig Energie und das ist traurig. Denn wir sind alle auf dieser Erde, damit es uns gut geht. Im Vollbesitz unserer gesamten Kräfte uns zu bewegen und zu leben, ohne Konventionen und Abstriche, von alleine geschieht dies leider nicht. Da müssen wir aktiv hinterher sein und aufpassen. Wie verhält es sich zwischen deinen negativen und positiven Glaubenssätzen? Ich war total erschrocken, welche Diskrepanz hier vorherrschte. Unglaublich, in welcher Disharmonie sich das Ganze bewegte. Also passe gut auf dich auf und arbeite daran, dass du es für dich regelst.

Dein Fazit: _____

Wer sagt dir heute noch etwas und was

Wir haben bis hierher in der Vergangenheit gesprochen. Wie es das Wort ausdrückt, ist es vergangen und das ist gut. Der einzige Nachteil ist natürlich, dass diese Vergangenheit sich tief in unser Unterbewusstsein eingegraben hat, uns von dort aus permanent sabotiert. Denn bei jeder Gelegenheit läuft das Programm ab, ohne dass wir das merken. Erst wenn wir es uns zu Bewusstsein führen, wird klar, was gerade passiert. Dies ist das absolut Heimtückische an der Angelegenheit, hier gilt es unbedingt Abhilfe zu schaffen, die alten Programme sind zu überspielen. Denn Löschen ist eines der kompliziertesten Manöver, in diesen Strukturen. Das Einzige, was uns bleibt, ist permanent, das heißt, Tag für Tag daran zu arbeiten. Mit neuen, positiven und lebensbejahenden Programmen, dass die alten überhaupt keine Chance haben.

Wenn du nachlässig bist, sind sie wieder vorhanden und treiben ihr Desaster. Sei dir darüber im Klaren und arbeite täglich daran. Sorge für eine neue Basis, wo es dir gut geht. Du im Flow bist, in der Leichtigkeit des Seins. Schaffe positive Ergebnisse, sie dienen dir als neue Inspirationsquelle. Ich finde es schlimm, wie die meisten Menschen in dem Sumpf festsitzen. Wir haben aber nicht nur alte Glaubenssätze, sondern es geht ja munter so weiter. Mit welchen Menschen hast du es zurzeit zu tun, die genau das Gleiche machen? Notiere diese und was es bedeutet.

Wer hat etwas gesagt?   Was wurde gesagt?   Wirkung?

1.) _____ _____ _____

2.) _____ _____ _____

3.) _____ _____ _____

4.) _____ _____ _____

5.) _____ _____ _____

6.) _____ _____ _____

7.) _____ _____ _____

8.) _____ _____ _____

9.) _____ _____ _____

10.) _____ _____ _____

Schlimm genug, dass du diesen Müll mit dir herumträgst. Noch schlimmer, dass täglich Neuer dazu kommt. Alles nur, weil du nicht aufpasst, keinen Einhalt gebietest. Es weiter mitmachst und aufnimmst, du musst dringend Abhilfe schaffen. Setze dich dem Manipulationstheater nie mehr aus, das ist ungesund für dich und hindert dich auf deinem Lebensweg.

Dein Fazit: _____

Welches sind die drei massivsten Glaubenssätze

Auch hier sind es viele, die dich Tag für Tag versuchen weiterhin für ihre Zwecke zu manipulieren. Du bist ständig und permanent den Machenschaften ausgesetzt. Ich bin oft über die Frechheit erstaunt, welche sich viele Leute rausnehmen. Auf der anderen Seite, braucht es natürlich immer zwei. Einer der tut und ein anderer, der es akzeptiert, das ist die Ausgangsbasis. Wer hat die Schuld? Es ist leicht, dem anderen die Schuld zu geben. Das ist die einfachste und schnellste Formel. Das Thema ist, es kann jeder machen was er will, probieren zu manipulieren.

Der andere hat ja die Chance, es sich zu verbieten und massiv dagegen vorzugehen. Du bist nicht gezwungen, das Theater mitzumachen. Die anderen werden es kaum verstehen, dass du plötzlich dagegen gehst. Sie werden versuchen, die Nummer zu forcieren. Da liegt es ausschließlich an dir, dass du endgültig ein Ende setzt. Im Wort endgültig ist klar enthalten „end – gültig!" Das Ende, und dass es Gültigkeit hat. Meistens wehren wir uns einen Hauch zu schwach dagegen. Somit dürfen wir nicht erstaunt sein, wenn man uns deswegen nicht für voll nimmt. Schreibe deine schlimmsten Beeinflusser auf.

Wer hat etwas gesagt?	Was wurde gesagt?	Wirkung?
1.) _____	_____	_____
2.) _____	_____	_____
3.) _____	_____	_____

Was denkst du? Wirst du wütend oder traurig? Geht es dir gut oder ist eher das Gegenteil der Fall? Möchtest du es ändern und wenn ja, wann? Für dich ist es schockierend, dass die Leute aus der eigenen Reihe sind, diese erlauben sich am Allermeisten. Gerade in der eigenen Familie sollte man zusammenhalten und sich nicht unnötig das Leben schwermachen. Vor allem Eltern sind oft große Meister im Demontieren ihrer Kinder.

Ohne Skrupel, vor dem Alter des eigenen Fleisch und Blutes. Das interessiert nicht, Vater und Mutter nehmen häufig Einfluss. Abstoßend und verabscheuungswürdig, dass Eltern dies ihren eigenen Kindern antun. Das gehört in meinen Augen bestraft. Anstatt den eigenen Kindern das Rückgrat zu stärken, werden sie demoralisiert, Minderwertigkeitskomplexe eingepflanzt. Womöglich unter dem perfiden Deckmäntelchen der Liebe und Fürsorge. Wenn dann die dummen Sprüche noch mit der Einleitung einhergehen „Ich meine es nur gut mit dir!" oder „Du kannst machen was du willst, ich würde aber an deiner Stelle...!" Da müssen bei dir in Zukunft unverzüglich alle Alarmglocken schrillen. Bei solchen Aussagen ergreife die Flucht, es schwächt dich unnötig. Lese hierzu mein Buch „Unglaublich, was manche Eltern ihren Kindern antun!"

Dein Fazit: _____

Welche Glaubenssätze hast du

Wir haben nun von den anderen gesprochen, was wir alles abbekommen haben. In unserer Kindheit, keine Chance sich dagegen zu wehren. Als Jugendlicher etwas mehr in Opposition gegangen und als Erwachsener, geht es ohne Punkt und Komma weiter. Eltern, die keine Hemmungen haben, sondern buchstäblich skrupellos nach wie vor, mit ihren perfiden, verbalen Attacken reinhauen. Der eigene Partner, der jegliche Contenance verliert, von „Tue das nicht, tue jenes nicht. Das mag ich nicht, jenes mag ich nicht. Du musst dich endlich ändern, so kann es nicht weitergehen" und weitere Sprüche. Du kennst diese mit Sicherheit, da mache ich mir keine Sorgen. Leider gibt es in den Partnerschaften nur wenig bejahende und aufbauende Aussagen. Das meiste liegt im negativen Bereich, oft sogar noch in der Gossensprache. Dass man so durchs Leben gehen kann, unglaublich. „Was soll ich denn tun, ich liebe doch meinen Partner oder meine Eltern!"

Na wunderbar, das finde ich klasse und ist auch etwas Schönes. Es darf jedoch nie vernichtend sein. Liebe bedeutet Freiheit und Wohlbefinden, Fürsorge für den anderen, ihn loszulassen. Ihm die Freiheit zu geben und kein Joch aufzusetzen, um damit die eigene Unfähigkeit zu verbergen. Was dir angetan wurde, gib es auf keinen Fall weiter. Nie und nimmer, sonst erhältst du genau diese Spirale weiter am Leben. So wird es nie einen Unterbruch geben. Solltest du selbst Kinder oder Mitarbeiter haben, von einem Partner gehe ich aus, achte darauf, wie du mit diesen umgehst.

Was sagst du immer
Schreibe auf, welche permanent wiederkehrenden Glaubenssätze du weitergibst. Es ist von großer Wichtigkeit für dein Fort- und Weiterkommen, was du in dir spürst und lebst. „Sage mir ein paar

Worte und ich sage dir, wer du bist!" Deine Gesinnung und Lebensphilosophie ist von großer Bedeutung, sie zeichnet dein gesamtes Leben ab. Du hast vieles blind übernommen, ohne jemals zu überprüfen, ob es eventuell kontraproduktiv ist und dich am Erfolg hindert. Da wünscht man sich auf der einen Seite ein glückliches und zufriedenes Leben, Erfolg, Geld und vieles mehr. Auf der anderen Seite betreibt man mit seinen eigenen Glaubenssätzen Zerstörung. Du kannst nicht hingehen und sagen „Ich wäre gerne ein Adler, aber......!" Damit zerstörst du sofort alles. Schreibe nun deine klugen, permanent wiederkehrenden Sprüche auf.

Was sagst du? **Wie oft?** **Von wem hast du es?**

1.) _____ _____ _____

2.) _____ _____ _____

3.) _____ _____ _____

4.) _____ _____ _____

5.) _____ _____ _____

6.) _____ _____ _____

7.) _____ _____ _____

8.) _____ _____ _____

9.) _____ _____ _____

10.) _____ _____ _____

Wie empfindest du, wie geht es dir? Merkst du, wie viel Müll du erzählst? Ich hoffe ja, und dass du dir jetzt nicht einen Heiligenschein aufsetzt, nach dem Prinzip „alles in Ordnung." Ich bin völlig okay, ich weiß gar nicht was sie wollen Herr Crameri? Das höre ich des Öfteren, bei näherem Hinterfragen stellt sich schnell heraus, dass alles ein aufgesetztes Theater ist.

Einmal wieder „Mehr Schein als Sein." Abstoßend, wenn man so mit sich umgeht. Wie kann man sich dermaßen belügen? Wie oft dies die Menschen aber tun. Auch da ist ein Fehler im Programm, bloß nichts zugeben wollen. So wird sich nichts ändern, folglich passe gut auf dich auf. Am besten legst du das Theater und die Show ab. Stehe zu dir, mit all deinen Stärken und Schwächen. Du lebst dadurch leichter und entspannter, als wenn du die perfekte Nummer spielen willst, das wird dir auf Dauer nicht gelingen.

Dein Fazit: _____

Was sagst du am häufigsten

Welche Aussagen sind bei dir stark implementiert? Wo läuft es ohne dein Zutun völlig automatisch ab? Werde dir dessen hundertprozentig bewusst. Wenn du negative und destruktive Programme in dir hast, kommst du nicht voran. Da kannst du den von dir noch so gewünschten Erfolg komplett vergessen. Du hast keine Chance, es wird nichts, ist ein Ding der Unmöglichkeit. Du kannst dich einmal mehr in die Reihe der Klagenden einreihen, die behaupten, dass es nicht funktioniert. Sie machen können, was sie wollen und dennoch haut es nicht hin. Das ist aber völlig klar, Negatives ist lebenshemmend und sabotiert jeden winzigen Versuch. Notiere die drei massivsten Aussagen.

Was sagst du? **Wie oft?** **Von wem hast du es?**

1.) _____ _____ _____

2.) _____   _____   _____

3.) _____   _____   _____

Bitte rede sie nicht schön, von wegen „Ach, so schlimm ist das ja nicht!" Es ist schlimm genug, tut dir nicht gut und das reicht schon aus. Schaffe Abhilfe und sorge dafür, dass du ab sofort nur noch positive, lebensbejahende Aussagen triffst. Genau aus diesem Grund mache dir zu deiner Maxime

„Werde Herr deiner Gedanken!"

Das ist wichtig, sonst werden diese Herr über dich und du hast verloren. Soweit darfst du es nicht kommen lassen.

Dein Fazit: _____

Frage dich stets – wer hat es gesagt

Es ist fatal, du wirst mit allen Eigenschaften, die du für ein großartiges Leben auf der Welt benötigst, geboren. Du lebst aber mit einem Bruchteil davon. Wenn ich mit den Menschen in den Seminaren und beim Erfolgs-Coaching darüber spreche, glauben es die wenigsten auf Anhieb. Viele meinen, sie wären sehr sehr gut unterwegs. Dem ist leider nicht so, im Gegenteil. So geht es dir mit Sicherheit auch. Oder kannst du hundertprozentig sagen, dass du all deine Fähigkeiten ausschöpfst? Richtig Vollgas gibst, ohne nach rechts und links zu schauen? Dann gehörst du zu den rühmlichen 2%, die dies tun. Dazu kann ich dir nur gratulieren und wünschen, dass du so weiter machst und permanent dran bleibst.

Lebe deine Fähigkeiten

Lebst du sie und wie äußert sich das? Ich finde es eine große Sünde, unendlich viele Möglichkeiten in sich vereint zu haben und davon nur einen Hauch zu leben. Dafür haben wir wirklich nicht alles mitbekommen. Souverän und stark wie ein Adler und bestimmt nicht das mühsame Leben, eines Huhnes. Schreibe sofort all die Fähigkeiten auf, die du lebst, damit du dir näher kommst. Auch wenn du manchmal keine Lust hast, die Aufgaben zu erledigen. Tue es dennoch, lese nicht zuerst das Buch bis zum Ende. Die Wahrscheinlichkeit, dass du nie mehr von vorne anfängst, ist groß. Das Buch ist systematisch aufgebaut, damit du dir näher kommst. Verständnis und den Durchblick besitzt, wie du tickst, was für dich wichtig ist und was nicht.

1.) _____

2.) _____

3.) _____

4.) _____

5.) _____

6.) _____

7.) _____

8.) _____

9.) _____

10.) _____

Was denkst du jetzt? Wie viele Punkte hast du notiert? Ich hoffe, dass du mindestens die Hälfte ausgefüllt hast. Die meisten kommen in der Regel gerade einmal auf ein bis zwei Punkte. Wir haben solch einen riesigen Fundus an Möglichkeiten. Ich nehme als Metapher gerne einen Ferrari. Stell dir vor, du besitzt solch ein Fahrzeug. Für was wurde das Auto gebaut? Richtig, um sportlich mit Vollgas durch die Landschaft und über die Autobahn bewegt zu werden. Du nimmst jedoch das Auto und fährst mit angezogener Handbremse 200 Meter zum Bäcker, Brötchen holen und dann geht es wieder nach Hause.

Was denkst du, wie lange es das Auto mitmacht? Richtig, irgendwann wird der Motor sauer und geht kaputt, weil er nie richtig ausgefahren wird. So gehen die meisten Leute durchs Leben. Geboren als Hochkaräter leben sie auf Sparflamme, werden sauer. Da musst du einmal deine Umwelt anzuschauen. Es sind fast alle sauer, ist dir das schon aufgefallen? Sorge dafür, dass du hier herauskommst, oder nie hinein gelangst, das ist deine Aufgabe.

Dein Fazit: _____

Welche Fähigkeiten hättest du gerne

„Weiß ich nicht!" Wenn das ein junger Mensch unter 18 Jahren von sich behauptet, kann man es stehen lassen. Über diese Altersgrenze hinaus wird es jedoch bedenklich, denn es geht um dein Leben. Damit du nicht zum Spielball wirst, musst du es anpacken, dein Leben leben. Unabhängig von dem, was die anderen meinen oder nicht. Notiere, was deine Fähigkeiten sind.

Meine Fähigkeiten?	**Lebst du sie?**	**Warum?**
1.) _____	_____	_____
2.) _____	_____	_____
3.) _____	_____	_____
4.) _____	_____	_____
5.) _____	_____	_____
6.) _____	_____	_____
7.) _____	_____	_____
8.) _____	_____	_____
9.) _____	_____	_____
10.) _____	_____	_____

Wenn du nur die Hälfte hast, lege das Buch kurz auf die Seite und gehe dein Leben, seit deiner frühesten Kindheit durch. Knüpfe dort bereits an und überprüfe all deine Fähigkeiten, die in dir stecken. Sage nicht „Weiß ich nicht, ich habe keine." Denn das stimmt nicht, jeder hat unendlich viele Fähigkeiten in sich vereint. Leider sind die meisten durch die großartigen Erziehungs- und Vernichtungsmethoden verschüttet und müssen erst mühsam, wie ein Schatz auf tiefem Meeresgrund gehoben werden. Mache dich an die Arbeit und du wirst dafür belohnt werden.

Dein Fazit: _____

Das war die Selbstanalyse und -beurteilung
Wichtig, dass du dich mit dir auskennst. Du bist und bleibst für dich das Wichtigste. Frauen sagen oft, für mich ist die Familie das Wichtigste. Das stimmt nur bedingt, zuerst stehst du. Es ist die große Aufgabe, dass du Sorge trägst, dass es dir richtig gut geht. Denn wenn du hundertprozentig im Lot bist, geht es auch den anderen gut mit dir. Da habe ich bei vielen Müttern so meine Bedenken, wenn ich sehe, wie manche schlecht gelaunt unterwegs sind. Keine optimale Ausgangsbasis, um ein ideales Vorbild zu sein. Das bist du nun einmal, wenn du Kinder hast, da führt kein Weg daran vorbei.

Wer hat dir was gesagt
Dann kommt die Überprüfung, was andere zu dir sagen und wie sie versuchen, dich permanent zu manipulieren. Wir haben das bereits bei den Glaubenssätzen angeschaut. Lasse dich bitte nie und nimmer manipulieren. Das ist wirklich das Letzte, was du dir antun kannst. Höre nie mehr auf andere, es sei denn, du hast einen Erfolgs-Coach und der arbeitet mit dir in deinem Sinne, dass du zum Erfolg gelangst. Vor all diesen anderen Manipulatoren solltest du einen großen Bogen machen. Wenn dir in Zukunft jemand versucht etwas zu sagen, frage dich

- „Was hat derjenige überhaupt in seinem Leben erreicht?"
- „Was hat er aufgebaut?"
- „Welchen Erfolg kann er vorweisen?"
- „Was hat er bewegt?"

Alleine durch diese Fragestellung, wird die Luft dünn. Du kannst diese Sorte Mensch, in die Gruppe der Dampfplauderer einreihen. Vielleicht findest du das unmöglich, wie ich über Menschen spreche. Da hast du völlig recht, es ist nicht nur unmöglich, sondern sogar traurig, dass man überhaupt soweit kommen muss. Wenn jeder den anderen in Frieden und Ruhe lassen würde, sich um den eigenen Kram kümmert, hätten wir viel mehr Ruhe und Lebensfreude. Leider ist dem nicht so, weil der Mensch lieber auf fremden Pfaden sein Unwesen treibt, anstatt bei sich zu Hause aufzuräumen. Der Volksmund hat einen treffenden Spruch parat

„Kehre zuerst einmal vor deiner eigenen Türe!"

Welche Wirkung hat das auf dich
„Das macht mir nichts aus," höre ich häufig auf diese Frage. Das stimmt nicht ganz, weil es immer trifft und nicht gut tut. „Es geht zu einem Ohr rein und zum anderen raus!" Na bravo, und was ist dazwischen? Richtig, das Hirn, folglich geht es da mitten durch und es bleibt meist einiges haften. Schenke dir solche Sprüche, sie sind in der Tat völlig unreell. Stell dir vor, du hast ein großes Glas mit reinem, klaren Quellwasser. Da kommt einer daher und gibt einen Tropfen blaue Tinte hinein. Wie wird das Wasser? Es verfärbt sich, wird leicht trüb.

Kannst du das verhindern? Bestimmt nicht, du hast keine Chance. Ist das nicht traurig, unendlich traurig sogar? Aber du hast die Möglichkeit, das Gefäß zu schützen, in dem du keinen nahe an dich heranlässt. Was geht das die anderen an, wie du lebst, was du tust oder nicht? Du musst klar und deutlich die Grenzen, auch in den eigenen Reihen ziehen. Wenn ich an meine lieben Eltern denke, die wie Millionen von anderen Eltern es nicht begreifen, dass die Erziehung abgeschlossen ist. Da sie es leider nicht verstehen, musst du es ihnen öfters sagen.

Was hast du davon
Wenn du nicht aufpasst, hast du erneut unnötigen Stress, Blockaden, neue Seelenhämmer, die dir nicht gut tun. Schütze dich und sorge dafür, dass diese ewige Manipuliererei aufhört. Wenn es sein muss massiv, in dem du dich total zurücknimmst. Über Worte, ist es diesen Zerstörern nicht beizubringen. Keine Chance, nie und nimmer. Die fühlen sich im Recht und haben keine andere Lebensaufgabe. Diese haben dich auserkoren, um an dir rumzubasteln und sich selbst nochmals auszuleben. Hierzu habe ich ein wunderschönes Buch geschrieben „Töchter, löst euch endlich von der Mutter!" Was die Mütter mit ihren Mädchen treiben, ist die Abartigkeit in Reinkultur.

Unglaublich wie diese von ihren Töchtern Besitz ergreifen. Die Töchter merken es, bringen es aber nicht fertig, sich aus dem Joch zu befreien. Sollten sie es tatsächlich einmal wagen, ist das Geschrei riesig. Die hoch manipulativen Mütter haben manches in ihrer Trickkiste, um das Töchterchen schnellstens wieder gefügig zu machen, ein spannendes Buch. Ich zitiere öfters einige Passagen bei den Lehrgängen daraus. Die Teilnehmer sind jedes Mal verblüfft, fragen mich, woher ich ihre Mutter kennen würde. Nun denn, wenn man Menschen mag und schon seit mehr als drei Jahrzehnten mit und am Menschen arbeitet, versteht man wie die Menschen ticken. Als Erfolgs-Coach erst recht, denn ich habe es täglich genau, mit diesen schlimmen Manipulatoren und Erfolgsverhinderern zu tun.

Ich bin ein Mensch

Ich habe bereits beim Schreiben des Buches, welches ich auch im www.crameriblog.de erwähnt habe, manches lustige und erheiternde Feedback bekommen. So ist das im Leben, wenn man etwas zu sagen hat, gibt es immer eine Gruppe von Menschen, die finden das super und toll. Dann gibt es eine andere Gruppe, die finden das völlig daneben. Man so etwas nicht schreiben sollte und überhaupt......! Die dritte Gruppe, denen ist das völlig egal. Die vierte Gruppe ist die der Besserwisser und Dampfplauderer. Schauen wir uns kurz alle an, dann kannst du für dich entscheiden, zu welchen du gehörst oder gehören willst. Spannend ist es auf alle Fälle.

Die Gruppe der Begeisterten
Das sind Leute, die unendlich dankbar und glücklich sind. Sie schreiben voller Begeisterung und finden es toll, dass es endlich ein Buch darüber gibt. Finden den Vergleich passend und sind dankbar, sich erkennen zu dürfen, sehen darin die Chance der Veränderung und des eigenen Weiterkommens. Menschen, die positiv unterwegs sind und noch viel vorhaben, ebenso etliches bewegt haben. Sie ziehen aus allem das Beste, für sich heraus. Sind nie am Diskutieren oder Lamentieren. Angenehme Zeitgenossen, mit einem Strahlen im Gesicht. Du kennst auch solche Menschen, da bin ich mir sicher.

Die Gruppe der Ablehnenden und Entrüsteten
Völlig entrüstet bekam ich ein Feedback, dass man Mensch sei und kein Huhn oder Adler. Nichts von der Metapher verstanden, Huhn und Adler ist ein passendes Beispiel. Das eigene Selbstwertgefühl scheint jedoch unendlich tief im Keller zu sein, dass man Zeit hat, sich darüber aufzuregen. Die Symbolik dahinter nicht versteht und sich zunutze macht. Lernen daraus für sich und das

Leben. Die nächste witzige Mail kam von einem Tierschützer, in dieser Art sollte man gefälligst nicht über Tiere sprechen. Das mit dem Adler geht ja gerade noch, aber mit dem Huhn, das ist übel, dermaßen über ein Tier zu sprechen. Oh je, oh je, nun denn, wenn man sonst keine Sorgen hat. Ich tue keinem Tier etwas zuleide. Ich hoffe nur, dass wegen dem Tierschützer keine Tiere sterben müssen, damit er seinen Bauch voll bekommt. Da bin ich mir aber nicht so sicher. Also, Hände weg von Lebewesen mit zwei Augen, die dich anschauen.

Die Gruppe der Gleichgültigen
Ganz lieb und nett, diese Gruppe lebt ihr Leben. Ist mit sich und der Welt soweit im Reinen. Keine großen Höhen und ebenso wenig Tiefen. Alles verläuft in relativ ruhigen Bahnen, angenehm mit solchen Menschen. Nur leider auch ein wenig langweilig und das ist schade.

Die Gruppe der Besserwisser und Dampfplauderer
Das sind die Klugen der Nation, wissen und können alles besser, was sie schon alles bewegt haben. Sie wissen, wie es zu machen ist. Wenn man ein wenig genauer hinschaut, zählen sie zu den Erfolglosen. Denn wer wirklich Gas gibt, an sich arbeitet, erfolgreich ist, hat keine Zeit für solche Eskapaden.

Wie siehst du das
Zu welcher Gruppe zählst du dich? Ganz ehrlich, gehörst du zu denen die begeistert sind und neuen Dingen gegenüber offen? Oder lehnst du alles gleich ab? Vielleicht ist dir sogar alles gleichgültig? Das glaube ich nicht ganz, denn sonst hättest du dieses Buch kaum gekauft. Oder gehörst du zu den großen Dampfplauderern? Komme jetzt bitte zu einer Entscheidung. Viele sagen mir auf diese Frage, „Kommt darauf an!" Das ist ein gerne gespieltes Spiel, sich nicht festzulegen. Du musst wissen, welche Grundtendenzen du in dir hast. Bitte beantworte die paar Fragen,

sie helfen dir, dich besser kennenzulernen und das ist der wichtigste Akt. Selbsterkenntnis, hilft auf dem Weg zu einem selbstbestimmten und erfolgreichen Leben.

Zu welcher Gruppe gehörst du?

_____

Wieso ist das so?

_____

Wodurch zeichnet es sich aus?

_____

Bist du zufrieden damit?

_____

Was möchtest du eventuell ändern?

_____

Wieso möchtest du das ändern?

_____

Was hast du für ein Gefühl, wie ist es für dich? Frage dich stets nach deinem Wohlbefinden. Wie geht es mir, wieso geht es mir so, wie es gerade im Moment ist? Bin ich das, der so empfindet, oder gibt es hier irgendwelche Ressentiments? Je ehrlicher du bist, desto leichter kommst du im Leben voran. Das Thema heißt Ballast abwerfen. Wenn du zu schwer beladen bist, kannst du nicht abheben, kommst du nicht in die Lüfte, keine Chance. Nicht blind durchs Leben tanzen, sondern stets im vollen Bewusstsein seiner eigenen Kräfte. Dadurch bringt man die entsprechende Leistung und erzielt wunderbare Resultate.

Dein Fazit: _____

Du hast die Wahl
Es steht dir völlig frei, wie du durchs Leben gehen willst. Ob absolut positiv oder negativ, das Leben geht dennoch weiter. Mit jedem Tag, der vorbei ist, kommst du dem Endziel von uns Menschen, dem Tod, ein Stück näher. Das dazwischen ist Leben mit allen Möglichkeiten, die es gibt. Du bist der Herr über dich und das sollte dir stets bewusst sein. Nicht die anderen leben dich, sondern du dich. Außer du lässt es zu, dass die anderen dich manipulieren und für ihre Bedürfnisse ausnutzen, missbrauchen und vieles mehr. Du entscheidest jedoch immer an erster Stelle, das ist den meisten nicht bewusst und dadurch problematisch, wenn man sein selbstbestimmtes Leben abgibt. Wähle und tue alles, dass es so ist. Du schaffst das, wichtig und entscheidend ist, dass du Tag für Tag daran arbeitest.

Bist du minimalistisch oder maximalistisch unterwegs

Hast du dir darüber schon einmal Gedanken gemacht? Wohl kaum, ich gehe davon aus, dass du genauso unterwegs bist, wie die meisten Menschen. Du wartest, auf dass sich irgendwie und -wo etwas tut. Auf das Glück, welches endlich bei dir vorbeischauen soll. Du hoffst und bangst, tust aber kaum etwas dafür, dass du aus dir heraus glücklich und zufrieden wirst. Wozu denn sich anstrengen, wenn es auch ohne das klappt? Du siehst andere Menschen, die mehr haben als du. Wunderst dich darüber, wieso gerade diese komischen Typen zu soviel Geld und Erfolg gelangen, verstehst es nicht. Es gibt im Volksmund einen schönen Spruch „Alles nur ergaunert und erlogen!" Mit rechtschaffener Arbeit gelangt man nie dahin. Da ist man doch froh, selbst solch ein rechtschaffener Bürger zu sein, der stets brav zur Arbeit geht und keinem etwas zuleide tut. Außer natürlich sich selbst, aber das merkt man nicht.

Wie bist du unterwegs

„Nur nicht auffallen!" Die Devise, die mir auch meine Mutter permanent versuchte, beizubringen. Dagegen habe ich mich mit großer Vehemenz gewehrt. Denn wer Erfolg hat, fällt aus der Reihe und damit automatisch auf. Was ist so schlimm dabei? Erfolgreiche haben es nicht nötig, sich zu verstellen oder zu profilieren, es sind die anderen. Auch wenn du jetzt sofort am Kontern bist „Tja, ich kenne da aber einige!" Dann überprüfe genau, wie erfolgreich diese sind? Bei genauerem Hinschauen bleibt meistens nicht viel übrig. Einen richtig Erfolgreichen wirst du nie unter den Dampfplauderern finden.

Bist du ein Minimalist oder ein Maximalist

Hierauf erhalte ich meist die Antwort „Kommt darauf an!" Unglaublich, auf was es immer ankommt. Also bist du ein Minimalist und damit hat es sich. Du bist nicht halbschwanger, nur ein absoluter Minimalist. Okay, das sei dir zugestanden, einmal ein gutes Minütchen hast und dann schnell als Maximalist unterwegs bist, um sofort in der Versenkung zu verschwinden. Was denkst du, wem die Welt gehört? Den Minimalisten oder den Maximalisten? Lass es uns zusammen anschauen.

Bist du ein Minimalist

Dem Minimalisten ist von Hause aus alles lästig. Bereits, wenn er morgens aufwacht, lautet sein Spruch „Scheißt mich alles an. Es kotzt mich alles an." Das ist der erste Akt in der Früh. Vielleicht bist du jetzt geschockt, über diese Ausdrucksweise. Doch schaue dir die Situation einmal an, da wirst du erkennen, was da abgeht. Nun, was ist denn das für einen Start in den neuen Tag, voller Chancen und Möglichkeiten. Dann geht es weiter, keinen Bock auf die Arbeit, der blöde Chef, die Kunden, Kollegen, Mitarbeiter. Schrecklich, dass man wegen der blöden Kohle überhaupt arbeiten gehen muss, keine Lust auf nichts.

Aber von irgendetwas muss man ja leben. Und dieser doofe Staat, mit seinen sozialen Möglichkeiten, Hartz IV, Sozialhilfe, oder was weiß ich, wie das alles heißt. Der ist natürlich auch nicht besonders zuverlässig. Folglich geht man wieder in den Stollen. Irgendwie bekommt man die Zeit schon herum. Abends ist man von der harten und zermürbenden Arbeit kaputt. Wenn man da andere anschaut, die ihre Kohle im Schlaf verdienen, ist das die soziale Ungerechtigkeit. Wenn hier nur einmal die Regierung eingreifen würde, es für alle gleich wäre, der Traum vom gleichen Lohn. Zuhause ist es auch nicht gerade lustig, der Partner, na ja, was soll man da machen. Auch die Kinder tanzen außerhalb der Reihe. Alles in allem kein leichtes Leben. Zum guten Glück wird das

Elend durch das Wochenende und den Urlaub unterbrochen, wo man wenigstens machen kann, was man will. Obwohl das auch nicht immer lustig ist, weil dazu oft die Knete fehlt.

Bist du ein Maximalist
Du freust dich, dass du bereits vor dem Wecker wach bist und dich wunderst, dass es nicht schon längstens Zeit ist, aufzustehen. Du freust dich auf den neuen Tag, viele Möglichkeiten warten auf dich und du bist hoch motiviert, weiter an dir zu arbeiten. Du gehst voller Freude an die Arbeit, sie ist für dich Segen und eine Quelle der Kraft. Du gibst mehr, als du musst. Standard wären 100%, du weißt, dass das die meisten nie und nimmer geben. Du lässt dich von niemandem beirren, gibst noch 10% und Herzblut extra dazu, machst es mit riesiger Begeisterung.

Wie wunderbar und großartig, dass es solche Menschen wie dich gibt. Man trifft diese leider zu wenig an, die bei der Arbeit strahlen und glücklich sind. Für die meisten ist es eine große Qual, die Sehnsucht es möge bald vorbei sein, ist riesig. Du bist dermaßen positiv eingestellt und das überträgt sich auf dein gesamtes Umfeld. Du lässt dich von niemandem beirren, das zeichnet dich aus. Du bildest dich permanent weiter, denn Fort- und Weiterbildung ist für dich etwas absolut Elementares und niemals eine Last. Du lebst und arbeitest unwahrscheinlich gerne. Es bereitet dir große Freude, für andere Menschen da zu sein.

Was bist du genau
Entscheide dich definitiv, denn wenn du ein Adler sein möchtest, kannst du ab sofort kein Huhn mehr sein und umgekehrt. Also, musst du genau wissen, zu welcher Gattung du dich zählen möchtest. Schauen wir es uns gemeinsam an und teilen es in zwei Bereiche. Einmal in das, was du die ganze Zeit warst und dann wie es sein soll. Bitte sei auch hier ehrlich zu dir, du musst das Buch ja niemandem zeigen. Folglich brauchst du dir keine Sorgen

zu machen, wie einige, die eine unendliche Angst davor haben, sich zu outen. Schreibe auf, wie es ist und bisher war. Ob du als Minimalist oder Maximalist durchs Leben wandelst.

Deine Lebensweise	Minimalistisch	Maximalistisch
1.) _____	_____	_____
2.) _____	_____	_____
3.) _____	_____	_____
4.) _____	_____	_____
5.) _____	_____	_____
6.) _____	_____	_____
7.) _____	_____	_____
8.) _____	_____	_____
9.) _____	_____	_____
10.) _____	_____	_____

Wie liest es sich, was überwiegt? Wieso ist das so, wie kannst du das ändern? Willst du es überhaupt? Was kannst du erkennen? Jede Menge Fragen, die auf dich einströmen. Leider befassen sich die meisten nicht mit all diesen wichtigen Themen und sind erstaunt, wenn das eigene Leben in Frust und Elend verbracht wird. Das Erste ist stets die Analyse und danach deren Umsetzung.

Dein Fazit: _____

Wie wird dein Leben ab sofort sein

Das ist ein dringlicher Aspekt, nicht irgendwann, sondern sofort. Jetzt ist die Chance da, die Dinge zu ändern und nicht auf irgendeinen Tag zu verschieben, den es womöglich überhaupt nicht gibt. Klar, Entscheidungen sind fällig, dadurch geht es dir besser. Dann weißt du genau, was zu tun ist und was nicht. Alles andere ist nur ein weiteres Geplänkel und dafür haben wir keine Zeit. Das Leben ist zu kostbar, um ewig in der sogenannten Warteschleife zu hängen, von soll ich oder soll ich nicht.

Dein neues Leben	**Warum?**	**Beginn?**
1.) _____	_____	_____
2.) _____	_____	_____
3.) _____	_____	_____
4.) _____	_____	_____
5.) _____	_____	_____

Fünf Punkte reichen völlig aus, um anzugreifen. Alles andere würde zu Chaos und Unübersichtlichkeit führen. Davon haben wir bereits genug gehabt. Wie ist dein neues Leben, wie fühlt es sich für dich an? Achte exakt auf dein Empfinden, wenn es gut ist, wunderbar. Wenn nicht, ändere es, zögere keine einzige Minute. Arbeite solange daran, bis du ein richtig traumhaftes, Glücksgefühl in dir spürst, dann liegst du hundertprozentig richtig. Ansonsten gebe dich nicht zufrieden, du wirst die für dich ideale Lösung finden. Denke daran, Rom ist auch nicht an einem Tag erbaut worden, folglich habe Geduld. Solange du Tag für Tag daran arbeitest, bist du auf der richtigen und guten Seite. Der Erfolg wird sich unweigerlich einstellen.

Das Beste ist gerade gut genug für dich
Das sollte ab sofort und für alle Zeiten, deine Lebensmaxime sein. So gehst du ab jetzt durch die Welt. Wieso sich mit weniger begnügen, wenn es die Luxus-Variante gibt. Warum minimalistisch unterwegs sein, wenn es nicht schwierig ist, ein wenig mehr zu tun, um dadurch in den maximalistischen Bereich zu gelangen. Viele Menschen glauben, dass es unendlich schwierig ist, zum Erfolg zu gelangen, dem ist jedoch nicht so. Erfolgreiche zeichnet eines aus, sie tun ein wenig mehr, als alle anderen. Anstatt sofort aufzuhören, wird noch ein wenig draufgesetzt. Permanent etwas mehr und dadurch gelangt man lockerer und mit Spaß, ans ersehnte Ziel. Nicht warten, dass sich die Dinge verändern, sondern diese Veränderung selbst einleiten. Das ist die hohe Kunst, die schlussendlich zum Erfolg führt. Alles andere ist eine reine Farce.

Du stehst auf und gehst abends müde ins Bett
Wir nehmen drei verschiedene Typen, wie wir sie im Leben vorfinden. Kandidat Nummer 1 steht morgens auf, schafft den Tag über nichts. Was ist er abends? Müde! Richtig und was macht er? Er geht in sein Bett. Kandidat Nummer 2 steht morgens auf, arbeitet den ganzen Tag. Was ist er abends? Müde! Was macht er? Er geht ins Bett. Kandidat Nummer 3 steht morgens auf, macht eine Meisterleistung. Was ist er abends? Glücklich und zufrieden, weil er viel bewegt hat, und müde. Was macht er? Dieser geht erfüllt und beseelt ins Bett. Ist das nicht eine schöne, nette Geschichte? Immer das Gleiche, aufstehen und abends müde schlafen gehen. Frage ist nur, was mache ich den lieben langen Tag? Werde ich abends glücklich und zufrieden sein, weil ich etwas bewegt habe, oder frustriert, abgetörnt und voller Sorgen ins Bett gehen? Wir haben wie immer im Leben, die freie Wahl.

Benutzt du Alibigeschichten

Ich bin mir tausendprozentig sicher, dass du auch zu denen gehörst, die permanent eine nette Geschichte bereithalten. Erstaunlich, wozu die Menschheit imstande ist. Im Erfinden von Alibigeschichten sind fast alle meisterlich. Wenn man sie heißen würde, kreativ zu sein, würden sie nichts zustande bringen. Aber so wird ein enormer Aufwand betrieben, um möglichst gut aus den jeweiligen sich stellenden Situationen herauszukommen, das ist total bescheuert. Die meisten Menschen kennen keine Grenzen, es wird mit allen Mitteln gearbeitet. Dermaßen verrückt kann nur der Mensch sein, sich so zu belügen, eine große Falle zu stellen, wo man als Erstes reinfällt. Dann ist das Geschrei riesig, wie ungerecht diese Welt ist. „Nimm endlich dein Leben in deine Hände, stehe zu dir!" Wenn du keine Lust hast und etwas nicht willst, stehe dazu und erzähle niemandem deine langweiligen Alibistorys. Weißt du, dies ist abtörnend und eklig. Du bist doch längstens mit deiner Show durchschaut. Suche dir besser den richtigen Weg für dein Leben.

Fast jeder bekäme eine Goldmedaille

Wahnsinn oder? Unendlich viel Energie wird hierzu aufgewendet. Ein Einfallsreichtum welcher, würde man ihn für das Positive einsetzen, immens viel Erfolg mit sich bringen würde. Aber in der Form der Alibis, keine Chance, das führt absolut ins Nichts. Ganz im Gegenteil, es belastet und was noch schlimmer ist, man glaubt selbst den Mist, den man erzählt. Es wird zur eigenen produzierten Tatsache. Das kann und darf nicht wahr sein, dass man sich solches antut.

Einige der netten Storys

Ich habe oft gehörte Alibigeschichten gesammelt. Wenn dich das Thema näher interessiert und das sollte es, du einen Hang dazu verspürst, lese mein Buch „Höre endlich auf mit deinen Alibigeschichten und Opferstorys!" Spannend von der ersten bis zu letzten Minute. Wenn man das Theater erkannt hat, ist die Chance vorhanden, es zu ändern. Getreu dem Motto

„Jeder ist seines Glückes Schmied!"

Jetzt noch nicht

Ich würde ja schon gerne, passt auch gut dazu. Aber jetzt geht es halt leider noch nicht. Ich muss noch ein wenig Geduld haben. Das wird schon werden, es ist alles nur eine Frage der Zeit. Am liebsten würde ich ja, aber............! So geht die Geschichte dann ein Leben lang weiter.

Wenn die Kinder groß sind

Ich würde unheimlich gerne, aber meine Kinder sind zu klein, brauchen mich noch. Jetzt sind sie gerade in der schwierigen Phase, der Pubertät. Ich habe Kinder bekommen, um für sie da zu sein und bestimmt nicht um sie zu vernachlässigen. Wenn sie groß und flügge sind, werde ich wieder angreifen, zuschlagen, da sein. Im Moment geht es leider nicht. Gehen wir schnell ein Stück weiter nach vorne in der Geschichte. Die Kinder sind bereits groß, dann heißt es oft, ich bin zu alt.

Ich bin leider zu alt

Ich würde ja gerne, aber jetzt bin ich leider zu alt. Also, in meinem Alter, muss man sich das nicht mehr antun. Das wäre unklug und töricht. Ab sofort zählen andere Werte. So ist das mit den Menschen, entweder sind sie zu jung, zu alt oder sonstige, weitere nette Geschichten.

Wenn ich einmal Geld habe

Ja, wenn ich einmal Geld habe und reich bin, sieht alles anders aus. Da schlage ich endlich zu. Dann können die anderen etwas erleben, da lasse ich mir nichts mehr bieten. Und weitere dumme

Sprüche über Geld. Weißt du, was das Fatale daran ist, mit dieser abartigen Einstellung, wirst du niemals zu dem ersehnten Reichtum gelangen.

Wenn ich gesund bin

Ja, wenn ich endlich wieder gesund bin, dann geht es los. Aber im Moment hat mich leider diese/r dumme Krankheit/Unfall erwischt. Das wird aber wieder und dieses Mal, ja dieses Mal bestimmt, werde ich es tun. Weißt du was passiert, nichts. Weil die Macht der Gewohnheiten viel zu groß ist.

Wenn ich in Rente gehe

Werde ich mein Leben genießen. So eine fatale Lüge, wie soll das funktionieren? Fast ein Leben lang war man nicht imstande, sein Leben zu genießen, es entsprechend zu gestalten und mit dem Eintritt ins Rentenalter soll dies funktionieren? Ein riesiger Trugschluss, nichts wird sein. Im Gegenteil, es wird noch schlimmer werden. Denn mit dem Tag der Rente, erhält man weniger Geld, gerät in die Altersarmut und hinzu kommt auch die stark nachlassende Gesundheit.

Ich weiß nicht, wie lange ich das noch mitmache

Ja, wer soll es dann wissen. Es geht halt so lange, wie es geht. Irgendwann knallt es und dann ist alles vorbei. Schauermärchen, anstatt eine klare Entscheidung zum Wohle aller zu treffen, anstatt zu jammern, abstoßend und ätzend. Eines ist doch klar, ohne Handlungen keine neue Welt.

Wenn das dies und jenes ist, dann

Wenn, wenn, wenn, wunderbar, und wenn es dann so ist, wie es sein sollte, ist bereits wieder die nächste lausige Geschichte im Busch. Alles eine Selbstlüge die ins Nichts, außer ins seelische und geistige Chaos führt. Ich staune immer wieder aufs Neue, wie sehr der Mensch sich belügt.

Welche verwendest du

Ich habe dir einige Anhaltspunkte gegeben. Welche verwendest du häufiger? Jeder Mensch hat seine Schwächen. Diese sind nicht niedlich und vernachlässigbar, denn sie behindern unser Fort- und Weiterkommen. Der Erfolg, das Sein hängt davon ab. Außer du kommst zu dem Schluss, dass du so eine Jammertante oder ein -onkel bist, dein Leben aus solchen Alibigeschichten besteht. Du hast für etwas anderes keinen Draht. Wenn du glücklich bist in deinem Sein, wunderbar. Wenn nicht, ist es höchste Zeit, dringend die Dinge neu zu richten. Schreibe deine Alibigeschichten auf.

1.) _____

2.) _____

3.) _____

4.) _____

5.) _____

6.) _____

7.) _____

8.) _____

9.) _____

10.) _____

Was denkst du im Moment? Bist du vielleicht sogar ein Großmeister darin? Oder gehörst du zu denen, die sich zieren und meinen, das hat nichts mit ihnen zu tun? Ich hoffe nicht, ich wünsche dir, dass du sachlich und nüchtern ans Werk gehst und die Dinge erkennst, wie sie wirklich sind. Sei ehrlich zu dir und belüge dich nie wieder. Das führt dich sonst nicht zu deinem Lebensziel.

Dein Fazit: _____

Verabschiede dich auf der Stelle davon

Du hast das nicht nötig. Als Adler gackerst du bestimmt nicht wie ein Huhn herum und schon gar nicht mit den Hühnern, bitte tue das nie mehr. Verabschiede dich von dem Theater und erkenne es auch bei anderen. Biete diesen nie eine Plattform, dass sie sich ausleben können. Du hast wahrlich keine Zeit und keine Lust auf solche Geschichten. Du weißt, dass das Leben kostbar ist und gehütet werden muss.

Deine Opferstorys

Opferstorys sind die weitaus schlimmeren Geschichten. Das sind die armen Menschen, die sich gerne als Opfer darstellen, dabei selbst mitten im Geschehen stehen. Eine brisante Mischung, zwischen Alibigeschichten und Opferstorys. Traurig, wenn man dermaßen durchs Leben gehen muss, keine Alternativen sein eigen nennen kann. Daraus entsteht Dilemma und Chaos. Hier gilt es unbedingt alles daran zu setzen, um da raus zu kommen. Denn der Kollateralschaden, welcher angerichtet wird, ist langfristig verheerend, sich selbst und den Mitmenschen gegenüber. Sich selbst gegenüber könnte egal sein, aber die anderen Menschen mit dem ewigen Theater zu belasten, ist eine Frechheit. Wie gehst du durchs Leben? Gehörst du zu den begnadeten Opferstory-Erzähler, oder trägst du die Verantwortung?

Welche Opferstorys erzählst du
   Notiere sie und wieso du das machst. Was hast du davon, wenn du das tust? Überprüfe zugleich auch, wie lange du schon so unterwegs bist.

   Welche Opferstorys bringst du?   **Wieso tust du das?**

   1.) _____   _____

   2.) _____   _____

   3.) _____   _____

   4.) _____   _____

   5.) _____   _____

6.) _____   _____

7.) _____   _____

8.) _____   _____

9.) _____   _____

10.) _____   _____

Wie fühlt es sich für dich an? Was hast du daraus gelernt? Erzähle jetzt nicht die Geschichte von wegen, dass bei dir alles anders ist. Es ist genauso wie bei allen anderen, dreht sich permanent um das Gleiche.

Dein Fazit: _____

Wieso nur ich

Tja, die große Opferfrage, wieso ich? Ich Ärmster, wieso trifft es nur mich? Kennst du solche Aussagen? Gehörst du vielleicht auch zu denen, die solche Sachen erzählen. Ich hoffe nicht, denn das ist nicht gut für dich. Du gibst mit solch einem Verhalten, klar zu verstehen, dass du arm bist und nichts dagegen machen kannst. Das ist natürlich völliger Blödsinn und fatal. Es hindert dich, blockiert dein gesamtes Sein. Natürlich gibt es Menschen, die sich förmlich darin baden. Was bringt das? Vielleicht ein wenig Mitleid der Mitmenschen? Auf das kann man sicherlich verzichten. Ich brauche das nicht und du genauso wenig. Folglich heißt es klar anzupacken, die Verantwortung zu tragen. Weiter geht es und bestimmt nicht das Spiel, womöglich noch ein Leben lang zu spielen. Das ist abscheulich, derart mit sich umzugehen. Haben wir dafür all die wunderbaren Eigenschaften erhalten? Hundertprozentig nicht. Im Englischen heißt es dazu treffend

„Use it – or lose it!" Benutze es oder verliere es!

Wenn die anderen nicht wären
Ich bin vollkommen in Ordnung, aber all die anderen. Wenn die nicht wären, wäre die Welt wunderbar. Was für ein Schwachsinn, ich bin heilfroh, dass es all die anderen Menschen gibt. Stell dir vor, du wärst alleine auf dieser Welt, absurd, oder?

Was ich schon alles mitgemacht habe
Diesen Spruch finde ich besonders originell. Lese ihn mehrmals „Was ich schon alles mitgemacht habe!" Was ist darin enthalten? Einmal ich und mitgemacht. Na, da haben wir es doch. Hat dich irgendeiner gezwungen, mitzumachen? Das glaube ich nicht, zumindest nicht in unseren Breitengraden. Wir haben unendlich viele Freiheiten, wie kaum andere Menschen auf dieser Erde und darüber bin ich sehr dankbar. Das solltest auch du sein und das Leben in deine Hände nehmen. Hinzu kommt meistens noch die Aussage „Was hätte ich denn machen sollen?" Unschuldig und völlig unbedarft.

Du bist nicht klein, du bist groß und stark. Auch wenn man dir permanent, über Jahre oder sogar Jahrzehnte hinweg versucht hat, das Gegenteil beizubringen. Wirf endlich das Joch weg und höre auf, die Rolle zu spielen, die andere vielleicht gerne für dich hätten. Wenn du wie ein Adler fliegen willst, heißt es in der Tat, in dem berühmten Lied von Henry Maske

„Time to say good bye!"

Das finde ich wundervoll, trifft genau den Kern. Sei dazu bereit und verabschiede dich von all dem dich Hindernden.

Ich habe nur Pech
Oh je, oh je du armer Mensch. Es könnte sein, dass der eine oder andere denkt, dass ich frech oder ironisch bin. Nun denn, Gedanken und das Denken insgesamt, sind völlig frei. Das ist gerade das

spannende an unserem Leben. Freie Gedanken und freie Meinungsäußerung, dies sollten wir rege nutzen. Jeder kann nur das „Glauben und Sehen," was vorhanden ist, er sich letztlich vorstellen kann. Alles andere bleibt ihm verwehrt. Ich bin weder frech noch ironisch, sondern grundehrlich, das erlaube ich mir zu sein. Auch ich durfte mich aufgrund meiner gesamten Lebensgeschichte und den Erziehungsbefohlenen, die mich versuchten zu formen, genau zu diesem Typ Mensch zählen. Ich habe gespürt, dass in mir mehr steckt, ich zu Unendlichem fähig bin und die anderen versuchen, mich alle klein zu halten.

Dadurch kenne ich mich zu gut, mit all diesen Kabinettstücken und deren verheerenden Folgen aus. Ich wollte es nie akzeptieren und habe mich dagegen gewehrt. Ich habe nach Wegen und Lösungen gesucht und diese gefunden. Genau das steht auch dir zur Verfügung, jetzt und zu jeder Zeit. Du musst es nur zulassen, dass du dein altes Leben nicht mehr willst, musst dich auf den Weg machen. Du hast nicht Pech und immer schon gar nicht. Du setzt nur permanent die Ursachen und darfst nicht erstaunt sein, wenn die Resultate derart ausfallen, es ist eine klare Folge davon. Das Prinzip von Ursache und Wirkung, hat nach wie vor Gültigkeit.

Keiner hilft mir
Die nächste, traurige Opfergeschichte. Ich weiß, alle sind gegen dich. Keiner mag dich, auch das kenne ich aus meinem Leben zur Genüge. Wie sieht es aus, magst du dich wenigstens selbst? Genau hier fängt es an. Man kann und mag sich selbst nicht leiden. Wozu denn auch, wo alles so schrecklich ist. Das bleibt jedoch der erste und einzige Weg, sich selbst zu lieben und zu mögen. Ganz wichtig, denn wenn man das nicht fertigbringt, strahlt man dies aus. Wie sollten es erst andere hinbekommen? Das ist doch ein Ding der Unmöglichkeit, funktioniert nicht, nie und nimmer. Wieso sollen andere dir helfen, wenn du dir selbst nicht hilfst? Was gibt es für einen Grund? Tja, wenn man das wohl wüsste. Du

kennst bestimmt die Aussage „Hilf dir selbst – dann hilft dir Gott!" Das ist eine altbekannte Tatsache, die nach wie vor zum Tragen kommt. Folglich packe es an und höre auf, dich in dieser Opferrolle zu suhlen.

Alle sind gegen mich

Die nächste Idiotenaussage, alle sind gegen mich. Das konntest du in deiner Kindheit von dir geben. Dich dann von Mama trösten lassen, jedoch nicht als erwachsener Mensch. Das Kleinkinderspiel ist in diesem Alter vorbei. Es ist lächerlich, wenn Erwachsene solch ein Bild von sich abgeben, jammernd und klagend durch die Welt rennen, abstoßend in jeder Hinsicht. Dafür kann man kein Verständnis haben, denn im Gegenzug sind solche Typen genauso gegen alle. Haben immer etwas auszusetzen und zu klagen. Ein furchtbares Drama, welches sich abspielt. Solltest du solche Manöver fahren, höre sofort auf mit dem Schwachsinn. Das hast du als Adler nicht nötig. Du stehst über den Dingen und sollte es dir auch manchmal schwerfallen.

Arbeite, bewege dich, tue alles, damit du in deinem Leben weiterkommst. Wenn nicht jetzt, wann dann? Mache es dir zum obersten Prinzip, anderen Menschen einen hohen Nutzen zu bieten. Das ist immens wichtig, genau darin liegt der Segen und Erfolg. Leider sind viele als Nassauer unterwegs, die nur haben wollen. Was kann der Staat und was können andere für mich tun? Das ist eine total verheerende und zugleich zerstörende Einstellung. Denke daran

„Geben ist seliger, als nehmen!"

Übersetzt heißt das deutlich, zuerst gibt man, bevor man nimmt. Das muss in einem gesunden Ausgleich stattfinden. Du kommst um dieses uralte Erfolgsgesetz nicht herum. Viele meinen, es würde irgendwie eine Abkürzung geben, man könnte das umgehen.

Ich tue keinem etwas zuleide
Das ist die nächste, nette Geschichte. Da glauben tatsächlich etliche, dass sie völlig integer sind und niemandem etwas zuleide tun. Allen gegenüber brav, welch ein weiterer Schwachsinn. Das stimmt nicht, du quälst dich. Du bist ein Adler und lässt dich wie ein Huhn lenken und denken. Permanent unten am Boden, Kopf nach unten gerichtet, pickend und gackernd. Ja, was ist denn das? Geht man dermaßen mit sich um? Bevor du gleich mit der nächsten, grausamen Schauergeschichte kommst, von wegen, dass deine Erziehungsleute dir das beigebracht haben, vergesse nie, du bist volljährig. Spätestens ab diesem Zeitpunkt ist freies Denken und Handeln angesagt.

Also nutze es im Vollbesitz deiner gesamten Kräfte, ohne Wenn und Aber. Du bist völlig frei und hast alles, aber wirklich alles für ein großartiges Leben in dir, höchstpersönlich vereint. Nutze es und hindere dich nie mehr selbst an der eigenen Fort- und Weiterentwicklung. Das ist Punkt eins, der zweite der darauf basiert, du gewinnst unheimliches Selbstbewusstsein und -sicherheit. Dies strahlst du aus und die Mitmenschen können dir Respekt und Anerkennung dadurch zollen. In erster Linie ist es jedoch wichtig, dass du klar bist.

Womit habe ich das verdient
Dieses Wehklagende, womit habe ich das verdient. Tja, das wirst du dir am besten selbst beantworten können. Wenn du es ein wenig genauer betrachtest und analysierst, hast du die Botschaft hierfür. Verdienen kommt von Dienen, wer weiß, was du permanent für Ursachen setzt? Von nichts kommt nichts, das war schon immer so und wird so bleiben. Das kannst du drehen und wenden, wie du willst, also schenke es dir bitte. Das ist wahrlich uninteressant, gehe deinen Weg, tue endlich das, was zu tun ist und es wird sich von selbst regeln. Wenn du aber so weitermachst wie bisher, wieso soll sich da etwas ändern?

Weitere Opferstorys

Dazu gibt es noch unzählige Opferstorys. Man könnte fast sagen, die sogenannten „Never Ending Storys," keine schönen Geschichten. Es liegt an dir, auch wenn du das nicht glaubst und sofort mit einer „Ja-aber Geschichte" kommst. Es liegt dennoch an dir. Je schneller du das erkennst, dich zurecht findest, desto leichter geht es dir und desto mehr Erfolg, hast du in deinem Leben. Du bist dadurch zufriedener und ausgeglichener. Packe es an und warte nie auf irgendeinen Tag, wo es besser werden wird.

Höre endlich auf zu jammern

Das ist eine weitere Krönung, der menschlichen Abartigkeit, dieses ewige Gejammere. Eine reine Katastrophe, solche Menschen. Wenn sie sich mit ihrem ewigen Gejammere vernichten, ist das eine Sache. Wenn man aber hingeht und solch ein Verhalten über alle Mitmenschen hinweg ausübt, ist das schlicht und einfach eine Frechheit, andere Leute mit dem eigenen Müll zu belasten. Arme Partner, Kinder, Eltern, Lehrer, Freunde, Kollegen, Chefs, Behörde, Mitarbeiter und viele weitere, die mit diesen Menschen in Kontakt stehen. Verbiete es dir! Biete solchen Menschen keine Plattform, sich auszuleben. Du bist nicht mehr bereit, dir das anzuhören, noch irgendeine Schützenhilfe zu geben, das nützt sowieso alles nichts.

Diese Typen jammern aus Spaß an der Freude. In dem Moment, wo du dich dem Kasperletheater entziehst, hören diese auf. Weil sie bei dir keine Chance haben, sich auszuleben. Das Thema ist super einfach, wenn du diese Spezialisten gewähren lässt, machst du dich mitschuldig. Solltest du zu diesen Jammertanten und -onkels gehören, würde ich mich eine Runde schämen, dass du als Erwachsener dermaßen durchs Leben gehst. Weißt du, was das für einen Eindruck hinterlässt? Mache dir einmal Gedanken darüber. Auf alle Fälle nicht den des Armen, sondern als eine absolute Lachnummer.

Ich bin so kaputt
Oh je, oh je, das ist natürlich tragisch, wenn man kaputt ist. Was kann man denn mit kaputten Menschen tun? Gibt es dafür überhaupt eine Verwendung? Ja natürlich, mache dir über dein Leben schleunigst Gedanken. Ändere schnell die Dinge und höre auf zu jammern. Alleine durch eine aufrechte Körperhaltung, geht es dir um Welten besser, du wirst wieder leistungsfähiger. Wenn du jedoch um Aufmerksamkeit zu erwecken, die sogenannte Mitleids-

nummer fährst, ist das bedenklich. Denn davon gibt es genug Menschen, die dies mit Wonne praktizieren. Flucht in die Krankheit und ins Jammern, damit man bemitleidet wird. Nett, so durchs Leben zu gehen, ändere deine Geisteshaltung sofort.

Ich bin unendlich traurig

Welch eine Aussage, es ist doch in Ordnung, wenn du manchmal traurig bist. Danach besinnst du dich wieder auf das Wesentliche und arbeitest daran. Wer beschäftigt ist und eine sinnvolle Lebensaufgabe hat, wird keine Zeit für solche Jammerstorys haben. Das Problem hierbei ist, dass viele Menschen keine sinnvolle Lebensaufgabe haben. Für sie ist das komplette Leben eine Mühsal und reine Last. Du kannst dich jetzt um die Probleme kümmern, sie dadurch zum Wachsen bringen, oder du kümmerst dich unverzüglich um deren Lösung. Was wesentlich sinnvoller ist, denn darin besteht wenigstens die Chance, der Veränderung.

Ich bin total blockiert

Das geht genau in die gleiche Richtung. Solche Aussagen häufig zu wiederholen, ist gefährlich. Es schafft Gewohnheit und diese wird sich zwangsläufig manifestieren, zu einem Teil von deinem Leben werden. Solche Gewohnheiten darfst du nie und nimmer einreißen lassen. Hüte dich davor und arbeite, wenn du spürst, dass so etwas passiert, massiv dagegen. Es bringt dir kein Glück, Friede und Harmonie, im Gegenteil. Du musst endlich aus dem Hühnerstall an das Tageslicht heraus. Nehme deine ersten Flugstunden, mithilfe eines Erfolgs-Coachs. Lasse dir zeigen, wie man elegant seine Bahnen zieht, es tut dir gut. Du wirst wieder Lebensfreude entwickeln.

Ich bete schon lange

Das finde ich nett, „Ich bete schon so lange, werde aber nicht erhört. Es tut sich leider nichts!" Das wäre natürlich wundervoll, wir würden uns hinsetzen, beten und sofort würden wir alles bekommen. Ohne Fleiß und Mühe, nur durch Beten. Dass dem nicht so ist, ich denke das versteht sich von selbst. Du kannst natürlich beten, dagegen ist nichts einzuwenden. Danach müssen aber Taten deinerseits folgen und nicht Passivität. Ich hoffe, du erkennst das und setzt es um.

Ich bin frech und unverschämt
Das ist völlig in Ordnung, ich habe kein Problem damit. Du hast die Chance, die Dinge aufzunehmen, zu verstehen und umzusetzen. Oder du kannst alles beim Alten lassen. Das Leben geht weiter, dies steht außer Frage. Wenn du ein gewisses Ressentiment spürst, hat es etwas in dir zum Klingen gebracht. Dann solltest du, anstatt in Opposition zu gehen, einmal genauer hinschauen und Maßnahmen einleiten, damit du herauskommst. Ich habe dem Thema „Jammerer" ein Buch, mit dem Titel „Höre endlich auf zu jammern" gewidmet. Eine klare und deutliche Ansage, an die riesige Jammernation. Jammern als großer Volkssport, von früh bis spät. Na bravo, weit haben wir es tatsächlich gebracht.

Wenn alles so einfach wäre
Wenn, wenn, tja und nochmals wenn. Darüber müssen wir wahrlich nicht polemisieren, das steht außer Frage. Es ist im Moment, wie es ist, Frage ist vielmehr, was wird daraus? Was machen wir mit der gegebenen Situation? Werden wir uns reinwühlen oder diese verlassen? Wir haben die Wahl, sogar die freie Auswahl und diese gilt es zu nutzen. Nicht wieder lamentieren, dass alles so schwer ist. Es ist nicht schwer, nur ungewohnt, das ist der kleine Unterschied. Es ist eine Frage der Einstellung. Welche Einstellung habe ich zu dem Geschehen? Sehe ich es als Schicksal, wird es Wirklichkeit. Sehe ich es hingegen als großartige Chance, wird das so sein. In der Bibel heißt es „Euch geschehe, nach eurem Glauben!" Das finde ich wunderbar. An was glaubst du? Schreibe dir die Punkte sofort auf und wieso du das glaubst?

Was glaubst du?   **Wieso glaubst du das?**

1.) _____   _____

2.) _____   _____

3.) _____   _____

4.) _____   _____

5.) _____   _____

6.) _____   _____

7.) _____   _____

8.) _____   _____

9.) _____   _____

10.) _____   _____

Das ist aber schwierig gewesen. Schenke dir solche Denk- und Ausdrucksweisen. Diese sind uninteressant, damit blockierst du dich. Davon musst du endgültig wegkommen, das darf nicht dein Thema sein. Als Erwachsener bist du im Vollbesitz deiner geistigen Kräfte und diese gilt es zu leben. Du musst genau wissen, wieso manches so ist und anderes nicht. Lasse die Zufälle, Zufälle sein, gehe du stets im Vollbesitz deiner gesamten Kräfte durch dein Leben. Mit der vollen Entscheidung für alles und jedes.

Dein Fazit: _____

Suche nie einen Schuldigen

Wer anderen die Schuld gibt – gibt ihnen die Macht über sein Leben. Möchtest du das wirklich? Ich glaube nicht, dass es dein Bestreben sein kann, du in diese Richtung gehen möchtest. Das wäre eine riesen Katastrophe und nicht besonders lustig. Leider haben wir uns zu einer Gesellschaft, nach der Suche von Schuldigen entwickelt. Wir freuen uns diebisch darauf, über andere zu hetzen und ihnen die Schuld zu geben. Damit erklären wir zugleich, dass wir völlig unfähig sind, die Dinge selbst in Griff zu bekommen. Das ist fatal und endet in der eigenen Bankrotterklärung. Dahin solltest du dich nie und nimmer manövrieren. Es ist intelligenter und sinnvoller, die Verantwortung für das eigene Leben zu übernehmen, dafür geradezustehen. Was hast du davon, anderen die Schuld zu geben? Nichts, rein gar nichts, es ändert sich in keinster Weise. Die anderen sind auch nicht verpflichtet, sich zu ändern, weil du vielleicht denkst, dass es so richtig und wichtig wäre. Das Einzige, was oder wen du ändern kannst, bist du selbst. Mache dich heute noch auf den Weg.

Wer ist bei dir schuld

Du hast bis hierher gelesen und weißt, wie bescheuert solch eine Vorgehensweise ist. Nun wollen wir kurz all deine Schuldigen festhalten. Auch wenn es ab sofort bereits Vergangenheit ist, gehört es dennoch fest zu unserem Leben dazu. Du hast das häufig gelebt und umgesetzt, dass es präsent ist. Bei der Umstellung wirst du Rückschläge erleiden. Genauso wie ein Adler bei seinen ersten Flugstunden. Es wird die eine oder andere Bauchlandung stattfinden. Frage dabei ist, wie schnell du wieder aufsteht und von vorne beginnst, alles andere kannst du vergessen. Notiere sofort und ehrlich, all die Leute, die aus deiner Sicht schuld sind.

Wer ist schuld?   **Wieso glaubst du das?**

1.) _____   _____

2.) _____   _____

3.) _____   _____

4.) _____   _____

5.) _____   _____

6.) _____   _____

7.) _____   _____

8.) _____   _____

9.) _____   _____

10.) _____   _____

Es sind sicherlich einige, die du notiert hast. Wie empfindest du dabei? Kommst du dir gut vor? Hast du im Vorfeld erkannt, welch ein Schwachsinn das ist? Oder bist du vehement davon überzeugt, richtig gehandelt zu haben? Was denkst du, wie es weiter gehen soll? Wo du landen wirst, wenn du keine Änderung einleitest? Was wird das Resultat daraus sein?

Dein Fazit: _____

Meine Eltern sind schuld

Die Ersten, die man gerne beschuldigt, sind natürlich die Eltern. Diese dürfen für etliches herhalten. Gut, teilweise natürlich nicht unbegründet, denn wie Eltern mit ihren Kindern manchmal umgehen, ist haarsträubend. Anstatt das Selbstbewusstsein der Kinder zu stärken, wird das Gegenteil bewirkt. Die eigenen Kinder werden demoralisiert, fertiggemacht, das Rückgrat gebrochen, Minderwertigkeitskomplexe eingehämmert. So gestärkt sollen die Kinder in der Welt bestehen. Mitnichten wird das funktionieren, das Gegenteil ist der Fall, ist Zerstörung hoch zwei. Das ist eine Wiederholung der bereits bekannten Tatsachen.

Es müsste anders ausschauen. Nur, was bringt es als Erwachsene, darüber zu lamentieren? Es ist geschehen, und wenn du dich nicht schützt, spielen manche Eltern das Spiel unbegrenzt weiter. Viele kennen da überhaupt nichts. Nur, du bist jetzt volljährig, arbeite daran und baue den alten Müll ab. Du bist nicht verpflichtet, ihn mit dir herumzutragen. Wozu auch? Du, ja du alleine kannst die Nabelschnur zu deinen Eltern durchtrennen. Viele Eltern bringen es leider nicht fertig. Bis ins hohe Alter an der Nabelschnur zu hängen ist nicht positiv, behindert die eigene Freiheit und das Potential zu wachsen.

Wenn dich das Thema näher interessiert, besorge dir mein Buch „Durchtrenne endlich die Nabelschnur zu deinen Eltern!" Natürlich gibt es auch Eltern, die ihre Kinder meisterlich fördern. Diese sind leider in der Minderzahl. Du bist nun wirklich groß, trete in die weite Welt hinaus. Wenn du das Gefühl hast, in dir steckt gigantisches Potential, musst du auf und davon fliegen. Sonst sperrt man dich wieder in den Hühnerstall ein. Das wirst du überhaupt nicht verhindern können.

Die Lehrer sind schuld
Na klar, was denn sonst. Meine, in der Schweiz sowieso. Wie haben diese mich gequält. Ich habe etliche freie Nachmittage in der Schule, im Winter zwangsweise beim Schneeschaufeln, im Sommer bei Gartenarbeiten verbracht, als in der mir zustehenden Frei-

zeit, zur Erholung. Es war eines der probaten Mittel, um Kinder wie mich klein und gefügig zu halten. Das Gegenteil war der Fall. Ich hatte stets ein klares Bild vor Augen, was ich bin, sein und werden wollte. Da konnten die studierten Herrschaften mir lange vermitteln, dass aus mir nie etwas werden würde. Dies war alles unterhalb meiner Wahrnehmungsschwelle. Ich hatte das Glück, dass die Schule oberhalb des Dorfes, mit einem traumhaften Blick auf den nahe gelegenen, höchsten Airports in Europa stand. So konnte ich die unzähligen Jets starten und landen sehen. Es war für mich Inspiration pur.

Was erkennst du daraus? Es ist nicht die Frage, was die anderen zu dir sagen oder von dir halten. Viel wichtiger ist, was für eine Meinung du von dir hast? Aus diesem Grunde habe stets eine hohe Meinung von dir. Das hat nichts mit der allseits bekannten Überheblichkeit und Arroganz zu tun. Das können und tun wir auch täglich durch unsere Top-Leistungen, die sich im obersten Segment befinden, eindeutig und klar belegen. Da überlassen wir nichts dem Zufall. Wenn wir das natürlich so machen, haben wir keine Probleme damit. Folglich kriege die Kurve und wache endlich auf. Du willst dich doch nicht ein Leben lang an den netten Lehrern aufhängen. Solange du diesen die Schuld gibst, haben sie auch heute noch Macht über dich. Möchtest du das tatsächlich? Ich kann es mir nicht vorstellen. Also schließe es endgültig für ein wunderbares und traumhaftes Leben, in absoluter Freiheit ab.

Mein Partner ist schuld
Das ist für mich die allerhärteste Nummer. Auch hier wiederhole ich mich. Das macht nichts, getreu dem Prinzip von „In der Wiederholung liegt immense Kraft!" Eindeutig, klar und unmissverständlich. Erschreckend und grausam, wie viele Menschen dermaßen durchs Leben rennen „Mein Mann ist schuld! Meine Frau ist schuld!" Lächerlich, lächerlich und nochmals lächerlich. Solltest du in einer schrecklichen und grausamen Beziehung leben, die

dich quält und fertigmacht, musst du dich ernsthaft fragen, wie lange du dieses Theater mitmachen willst? Höchstwahrscheinlich liebst du es sogar? Wer weiß, hinzu kommt sicherlich auch, was würdest du ohne diese Partnerbeschuldigungen machen? Da würde nicht viel übrig bleiben, keine Alibigeschichten, Opferstorys und Beschuldigungen, da wäre deine gesamte Lebensgrundlage weg. Das wäre eine riesen Katastrophe, weise dies nicht so weit weg von dir. Solltest du nicht zu diesen Menschen gehören, dann herzlichen Glückwunsch. Solltest du dich ge- und betroffen fühlen, ändere es bitte. Gehe es an, bevor es noch größer wird und deine Lebensuhr, durch dein Jahrzehnte langes Warten womöglich abläuft.

Wenn es dir keinen Spaß macht gehe, gehe wirklich. Da taucht meistens die Frage auf „Was soll ich dann machen?" Wenn die Situation dermaßen verstrickt ist, es weder vorwärts noch rückwärts geht, hole dir kompetente Hilfe. Es gibt genügend Menschen, die sich darauf spezialisiert haben. Oder du suchst dir einen Erfolgs-Coach, der dich ganzheitlich berät. Da ist es meistens nicht mit der Partnergeschichte getan, die Wurzeln des Übels liegen tiefer. Unabhängig davon empfehle ich dir mein brisantes Buch „Ein Millionär als Traumpartner!" zu lesen. Du erhältst wertvolle Inputs, die dir helfen, dich besser zu erkennen und zu positionieren. Das muss aber aus dir heraus, von Herzen erfolgen.

Der Staat ist schuld
Für was muss und soll der Staat alles herhalten? Wer ist der Staat, das sind letztlich wir alle. Gut, wir haben ein paar Damen und Herren gewählt, denen wir unser Vertrauen ausgesprochen haben. Die jetzt beinahe alles machen können, was sie wollen. Da gelobe ich mir die Schweiz, wo die Freiheiten der Staatsoberen extrem durch die unzähligen Abstimmungen eingeschränkt sind. Nun, Politik wollen wir jetzt bestimmt nicht zu unserem Thema machen. Es gibt Dinge, die können wir ändern und andere nicht.

Nur, blind zu sein und sich voll und ganz auf den Staat zu verlassen, halte ich für bedenklich. Das Thema heißt ja nicht der Staat braucht Lämmlinge, sondern mündige Bürger, damit hapert es an etlichen Stellen. Auch wenn manches nicht lustig ist, mit der riesigen Reglementationswut, dem wohl kompliziertesten Steuersystem der Welt, gibt es doch wunderbare Errungenschaften, auf die ich bestimmt nicht verzichten möchte. Das kann ich mir bei dir auch nicht vorstellen. Aus diesem Grunde tue das, was du tun kannst, sorge für dich, verlasse dich soweit wie möglich auf niemanden, dann bist du richtig gut und flott unterwegs. Wie sagt man so schön dazu „Das ist bereits die halbe Miete!"

Alle sind schuld

Genau, das finde ich die Einstellung per se. Dadurch können wir alles abgeben und wir selbst sind ja so gut, aber die anderen. Wie kann man sich als Mensch dermaßen belügen? Das verstehe ich leider nicht. Da das Individuum Mensch erfinderisch ist, gibt es für alles und jedes einen Schuldigen. Man muss nur ein wenig nachdenken und wird sofort einen ausfindig machen. Ist das nicht wunderbar? Ich finde es klasse, völlig frei von jeglicher Verantwortung durchs Leben zu schreiten. Wer hat nicht schon oft davon geträumt? Du kannst dich entscheiden, hast die freie Auswahl, Joch oder Freude pur. Was willst du? Ich weiß, die meisten hätten natürlich am liebsten Freude und Spaß. Ohne jegliche Anstrengung, an den großen Topf gehen zu dürfen und sich daran zu laben. Das wäre super, aber was bringt es, wo führt es hin? Was sind die Endergebnisse daraus?

Schenke dir den Perfektionismus

Das ist leider eine weitere schwere Störung oder sogar Krankheit. Wer zum Perfektionismus neigt, tut sich im Leben immens schwer, wird viele Hindernisse sein eigen nennen können. Ich erlebe es häufig bei unseren Lehrgängen. Da gibt es einige Teilnehmer, die sind begeistert davon und starten sofort durch. Nach dem Prinzip von „Just do it!" Andere benötigen eben ein wenig länger. Zu guter Letzt kommen die Schlimmsten, denen ist es nie genug. Sie müssen noch mehr wissen und können. Dann sind ihnen einige staatliche Abschlüsse wichtig. Weiteres fehlt, wird aber noch gelernt. Wenn es schlussendlich losgehen könnte, sind die entsprechenden Lokalitäten nicht vorhanden. Dort muss alles vom Feinsten sein. Endlich fängt man an, eigentlich schon fast ausgebrannt, von dem Wahn, es richtig zu machen. Wobei es letztlich ja überhaupt kein richtig im eigentlichen Sinne gibt.

Bist du auch so krank

Komm, das kannst du ruhig beantworten. Also, ich war es am Anfang meiner Laufbahn, mit dem Endresultat, dass es nie richtig voranging. Es hat permanent etwas gefehlt. Je intensiver ich mich um die Materie gekümmert habe, desto mehr merkte ich, dass ich noch nichts weiß und schlecht vorbereitet, konnte ich unmöglich anfangen. Meine Unsicherheit wuchs durch diese Einstellung zusehends. Ich habe Fachleute konsultiert und Seminare besucht. Das hat mir noch deutlicher aufgezeigt, wie schlecht ich bin. Obwohl andere bereits in der Umsetzung waren, kam es für mich nicht infrage. Die Angst mich zu blamieren und eine Bauchlandung hinzulegen, war zu groß und nahm mich vollends in Besitz. Zum guten Glück hatte ich ein einschneidendes Erlebnis, wo ein älterer, erfolgreicher Herr mich beim Jammern und sogar Fluchen erwischte. Er sagte „Fange endlich einmal an, auf was willst du noch warten!" Als ich ihm dies erklären wollte, wiederholte er sich und stellte mir die entscheidende Frage „Oder willst du nichts werden?" Oh nein, im Gegenteil. Ich habe es nicht sofort begriffen, um was es ging. Es hat einige Zeit gedauert und dann bin ich endlich aufgewacht. Nicht hundertprozentig, denn die Macht der Gewohnheit nahm öfters von mir Besitz, was traurig war. Nun, jetzt in die Vergangenheit zu schauen und zu sagen, ja hätte ich damals gleich, ist unnötig. Das war damals und daran kann ich nichts ändern. Ich kann aber aufpassen, dass ich nie zurückfalle. Das gibt es immer wieder und das kennst du auch. Menschen, die wie Phönix aus der Asche auferstanden sind, erfolgreich waren und urplötzlich verschwunden. Folglich passe gut auf dich auf und bleibe stets dran.

Was hast du davon
Wie sagen uns die Lehrgangsteilnehmer, bei den Beauty&Wellness-Kursen, wenn ich staatlich anerkannt bin, ist das besser. Ja natürlich, die Fata Morgana, dass durch den staatlichen Segen alles besser und von alleine läuft, lächerlich und dumm. Da müssten alle Menschen, die einen staatlich anerkannten Abschluss besitzen, erfolgreich sein. Es dürfte keinen einzigen Armen oder Arbeitslosen geben. Denn dieser Abschluss vom Staat zeigt, dass man alles weiß und kann. Merkst du, was für ein hausgemachter Blödsinn? Fast alle glauben daran und dies ist krankhaft. Frage ist nicht, was du für einen Abschluss hast, sondern was du aus diesem Leben machst. Egal, was dir all die anderen Menschen erzählen. Von wegen, dass du es dann gepackt hast. Du wirst es erst gepackt haben, wenn du unter der Erde liegst, dein Leben ausgehaucht ist. Bis es soweit ist, musst du dich permanent bemühen und engagieren, Tag für Tag, immer wieder aus Neue.

Wie lange willst du noch warten
„Ja, jetzt noch nicht." „Wann willst du anfangen?" „Das weiß ich noch nicht." Kennst du solche Dialoge? Sicherlich! Was bringen

diese? Nichts, weniger als nichts. Wir belügen uns mit solchen Aussagen selbst und das ist völlig unnötig. Es macht uns das Leben nicht leichter, sondern schwerer. So crazy kann eben nur der Mensch sein, weil er zu viele Wahlmöglichkeiten sein eigen nennt, das ist übel und ungesund. Wenn ich an meine Spezies von früher denke, behaupten die doch tatsächlich „Als ich damals angefangen habe, vor mehr als drei Jahrzehnten, war alles noch leichter gewesen. Heutzutage wäre es fast ein Ding der Unmöglichkeit!" Klasse, oder? Früher war alles besser, da kommen mir die Tränen, und wie, früher war nichts besser.

Wie heißt der Slogan von Erfolgreichen? „Es war noch nie so gut, wie gerade jetzt!" Anfangen lautet das Thema. Keine einzige Minute länger warten, auf was denn? Dass es besser wird, das wird es bestimmt nicht, sich die Dinge von alleine lösen, du eines morgens aufwachst und erfolgreich bist? Dies gibt es im Märchen, aber nicht in der Realität des täglichen Lebens. Was bleibt dann noch übrig? Dass du dich hinter deinem Perfektionismus oder der Angst verstecken kannst. Dies ist ein gerne verwendetes, probates Mittel, aber sonst, da bleibt nichts mehr übrig.

Anfangen und loslegen, ist die Devise
Fange an, jetzt gleich und sofort. Komme zu einer klaren Entscheidung, dass du die Welt verändern wirst, das Leben eines Huhnes verlassen willst. Du ein Adler bist und ab sofort wirst du alles tun, was einem Adler gebührt. Dir ist klar, dass es manchen Absturz geben wird. Du wirst jedoch durchhalten und dich von nichts und niemandem beirren lassen. Das ist eine wichtige Komponente. Denn die Mitmenschen werden dich natürlich nur ungern ziehen lassen. Du solltest Ihnen auch nichts über deine Pläne erzählen. Erstens würden sie es nicht verstehen, zweitens werden sie sich über dich lustig machen, spotten und das ist das, was du auf gar keinen Fall gebrauchen kannst. Zumindest nicht in der Anfangsphase. Halte dich total zurück, das ist sinnvoller. Weihe nicht dei-

ne besten Freunde ein. Denn eines darfst du nie außer Acht lassen, das Eifersuchts- und Neidpotenzial, der Menschen ist groß.

Nach außen nicht gleich zu erkennen und eher selten preis gegeben, aber im Inneren tobt es. „Es kann und darf nicht sein." Du als Huhn glaubst ein Adler zu sein, und wenn du es schaffst, wäre das eine große Katastrophe. Dies würde niemals geduldet werden. So versucht man lieber dich von Anfang an klein zu halten. Getreu dem Prinzip von „Wehret den Anfängen!" Bleibe bei dir und fange endlich an, vergiss niemals anzufangen. Wenn du unsicher bist, komme zu uns auf die ganzheitlichen Lehrgänge. Lasse dich coachen und dir geht es dadurch besser.

Perfektionisten werden nie Großes bewegen
Jetzt wird sich große Opposition rühren. Einige werden sich energisch dagegen wehren, das ist jedoch nicht nötig, wozu auch. Dies ist meine Sicht der Dinge, und wenn du es anders siehst, ist es auch wunderbar. Wieso sollte man etwas ändern, wenn es gut läuft und man auf dem richtigen Weg ist, da wäre man ja ein Narr. Ich kann hier nur von meinen Erfahrungen berichten. An mir selbst, an vielen Mitmenschen, Hunderttausenden von Lehrgangsteilnehmern und Zuhörern bei Vorträgen. Es ist die immer wiederkehrende Geschichte. Auch das ist ein großes Thema, den anderen in seiner Meinung zu lassen, nicht eines Besseren belehren zu wollen. Sicherlich ein paar Inputs geben, wie ich das mit dem Buch tue, aber sofort loslassen. Dann muss jeder seinen eigenen Weg gehen und schauen, dass er die Glückseligkeit für sich erobert und schlussendlich hält.

Niemals diskutieren oder was noch viel schlimmer ist, das Ganze in Grundsatzdiskussionen münden zu lassen. Das ist das Fatalste, was man machen kann. Denn es gibt dabei keinen einzigen Gewinner, auch du wirst da nicht gewinnen. Da kannst du noch so oft sagen „Ich habe aber recht! Ich will aber recht haben!" Das spielt in dem Moment keine Rolle. Denn recht haben und recht bekommen, das ist eine andere Welt. Es ist letztlich aus der Sicht, jedes Einzelnen zu betrachten. Wenn man es selbst nicht gebacken bekommt, muss man eben das Gericht beauftragen.

Learning by doing
Das ist die Devise und zugleich der schnellste Weg, sicher voranzukommen, denn Theorie ist und bleibt Theorie. Praxis, da wird die Musik gespielt, das Geld verdient. Es gibt jedoch auf dieser Erde, hundert Mal mehr Theoretiker als Praktiker. Gewöhne dir an, zügig, das heißt von der Idee bis zur Umsetzung der ersten Schritte, maximal 0 Stunden vergehen zu lassen. Bevor wieder Zweifel und Ängste auftauchen und dich davon abhalten. Lasse dir nie mehr von irgendwelchen Theoretikern sagen, was machbar ist und was nicht.

Diese wissen es nicht, haben keine Ahnung davon. Lerne, wenn du lernen willst, ausschließlich von Erfolgreichen. Halte dich an die wirklich Erfolgreichen. Diese musst du fragen, die werden dir von sich aus nie eine Belehrung erteilen. Der Anstand und Respekt vor dem anderen, verbietet es ihnen. Alle anderen, die kennst du ja zur Genüge, sind die großkotzigen Dampfplauderer und Besserwisser. Werde und sei du ein Praktiker, der ersten Stunde. Mögen die anderen noch so studiert sein, denken und sagen, was sie wollen. Du gehst unbeirrbar deinen Weg des Erfolges.

Adler trainieren täglich

Das hört sich super an. Ich wäre auch gerne ein Adler, aber. Danach folgen irgendwelche Storys. Davon haben wir bereits genug gehabt. Diese brauchen wir nicht zu wiederholen. Vom gerne sein, hat sich noch nie etwas getan. Das ist so ähnlich, wie wenn du hingehst und sagst, ich wäre gerne Pilot von einem großen Jet. Wünschen kannst du dir das. Kein Problem, deswegen bist du aber noch lange kein Pilot. Du musst dich erst bei einer Flugschule anmelden, trainieren, bis es nach vielen Jahren endlich soweit ist, dass du einen Jet fliegen kannst. Genau hier haben leider die meisten ein Problem. Wollen, wollen viele alles, in der Umsetzung hapert es. Da sind es genau die Leute, die anfangen zu klagen, dass das Leben ungerecht ist. Darum musst du genau wissen, was du willst und was nie mehr. Siehe hierzu das Kapitel „Die Erfolgsformel."

Kein Meister fällt vom Himmel
Da kann ich nur sagen „Hey, wach endlich auf und nimm dein Leben in die eigenen Hände. Fange an und warte nie mehr auf irgendwann und -etwas." Wie kann man nur dermaßen durch die Welt gehen? Immer in der Hoffnung, dass sich die große Nummer auftut und dies möglichst von selbst. Es funktioniert nicht und wird auch niemals funktionieren.

„Vor der Ernte, steht nach wie vor die Aussaat!"

Hier liegt es an dir, ja, an dir, ohne Alibis und Opfermärchen. Wenn du wirklich Erfolg haben willst, musst du deine alte Welt verlassen. Zuerst einmal in Gedanken und dann nach und nach. Du weißt mittlerweile sicherlich, wie weit du es gebracht hast, wenn du permanent das Gleiche tust. Die Ergebnisse sind dir hinlänglich bekannt, oder? Es ist nun einmal eine altbekannte Tatsache, dass man nur das Gleiche erntet, wenn man das Gleiche tut.

Da nützt alles hoffen, bangen und beten nichts. Du musst üben, üben, und nochmals üben. Weißt du was, genau dazu sind die meisten zu faul und träge. Haben, ja gerne, dafür etwas tun, oh nein, lieber nicht. Es müsste einen Weg geben, wo es ohne Anstrengung funktioniert, das tut es aber nicht. Also, mein lieber Leser, was willst du? Bleiben wie und was du bist, oder trainieren? Tag für Tag, Woche für Woche, Monat für Monat und Jahr für Jahr. Wenn ja, lass uns loslegen, wenn nein, sei ab sofort mit deinem Leben zufrieden und jammere nicht.

Je mehr du willst, desto härter trainiere
Tja, wenn du das alles gewusst hättest, hättest du besser das Buch nicht gekauft. Blödsinn, natürlich hast du davon schon gehört. Nur in der Umsetzung hapert es bisweilen recht gewaltig. Schade, denn dadurch hast du in deinem Leben viel Zeit verloren. Genau deshalb ist es ab sofort von großer Wichtigkeit, dass du nicht so weiter machst. Das wäre fatal, denn man hat sich doch an das alte Schlendrianleben gewöhnt, irgendwie geht es ja immer. Frage ist nur, wie gut und ob es der eigenen Berufung entspricht. Meistens liegt eine große Diskrepanz dazwischen und das ist unnötig. Denn der Weg zum Erfolg bedeutet, letztlich etwas mehr zu tun, als die Erfolglosen. Was heißt das für dich? Trainieren, trainieren und nochmals trainieren. Egal, in welcher Disziplin du erfolgreich sein wirst, ohne Training wird es nichts werden.

Studieren wir die Erfolgreichen auf dieser Welt. Nehmen wir nochmals Michael Schuhmacher. Wahnsinn, was er trainiert hat. Nicht nur Rennwagen zu fahren, sondern auch mentales Training, sportliche Fitness und vieles mehr. Es gab keinen einzigen Tag, wo er nicht trainiert hat. Jetzt gibt es da wieder die Gruppe der Ungläubigen, die behaupten, dass er einfach Glück hatte. Das ist lächerlich, mehr als lächerlich. Wenn einer ein Rennen gewinnt, könnte man vielleicht von Glück sprechen. Aber nicht wenn jemand zigfacher Weltmeister geworden ist. Das hat mit Glück nichts zu tun, ist ausschließlich hartes Training und der feste Glaube, es zu packen. Darum solltest du das Wort „Glück" in keinster Art und Weise strapazieren. Der Volksmund spricht gerne von „Ja, der hat halt Glück gehabt!" Ein völliger Schwachsinn. Glück ist das Ergebnis von „Können, Machen und Tun." Folglich lasse und führe dich selbst nie in die Irre, mit solchen Unwahrheiten, sie verblenden dich.

Es ist aber anstrengend
"Jammer, jammer, jammer, jammer!" Was ist die Welt so ungerecht, den seinen gibt es der Herrgott im Schlaf und ich muss für alles hart arbeiten. Da wären wir bereits wieder in der Opferkiste drin. Weißt du, was auch noch anstrengend ist, so zu bleiben, wie man ist. Zu sehen, dass sich andere permanent etwas leisten können, es ihnen vermeintlich leichter von der Hand geht. Was natürlich durch das permanente Training auch so ist. Und eines Tages mit der Erkenntnis alt sein zu dürfen „Hätte ich damals nur!" und „Das soll jetzt alles gewesen sein!" Also, das finde ich nicht besonders lustig und erbauend. Ohne Fleiß keinen Preis, eine altbekannte Tatsache, die nach wie vor ihre Gültigkeit hat und behalten wird. Da kannst du es drehen und wenden, wie du willst. Wenn du ein wenig mehr wie die anderen haben möchtest, musst du mehr tun. Oder denkst du, Michael Schuhmacher hat es immer riesigen Spaß gemacht, viel zu trainieren? Bestimmt nicht, aber er hatte seine große Visionen und diese hat er konsequent, ohne Wenn und Aber verfolgt.

Morgen fange ich an
Das kennen wir bereits, da wollen wir hoffen, dass morgen nicht irgendetwas dazwischen kommt. Sonst wird es übermorgen, und wenn wieder etwas dazwischen kommt, womöglich sogar nächste Woche. Aus Erfahrung wissen wir aber, dass permanent etwas dazwischen kommt. Dann wird es sogar Jahre dauern, bis schlussendlich angefangen wird. Oh je, oh je, keine optimale Ausgangs-

basis. Wir Menschen sind lustig aufgebaut, unglaublich, was wir hier leisten. In solch einer Konsequenz, die ihresgleichen sucht. Fange genau, jetzt in diesem Moment an. Lege dein Buch auf die Seite und mache die ersten Schritte. Tue den ersten Schritt in dein neues Leben. Schreite zur ersten Tat, sei es, dass du dich sofort zu einem Kurs, Seminar oder Lehrgang anmeldest. Einen Flyer machst, irgendetwas schreibst. Tue etwas, wo du weißt, es wird morgen der nächste Schritt folgen. Das ist dabei enorm wichtig, einen Schritt nach dem anderen. Step by Step!

Ich werde es allen zeigen
Da hast du dir etwas vorgenommen. Bevor du dich jedoch darauf konzentrierst, es allen zeigen zu wollen, solltest du es im Vorfeld für dich tun. Damit hast du genug zu tun. Gehe die Dinge für dich alleine an, bevor du es anderen zeigen willst. Denn da ist wahrlich keine große Motivation enthalten. Es gleicht eher einem Strohfeuer, welches kurz aufflackert, das war es dann. Wenn du es jemandem zeigen willst, bitte ausschließlich dir.

Ziehe deine Bahnen
Ziehe eine Bahn nach der anderen. Arbeite intensiv, permanent an deiner Performance. Glaube nie, dass du fertig bist, es gepackt hast. Wer glaubt, dass er fertig ist, ist in der Tat fertig. Das wäre schade, wenn du in die selbstgebaute Falle läufst. Deswegen sei stets wachsam und gehe mit Power durchs Leben. Um es in die Adlersprache zu übersetzen, ziehe jeden Tag deine Bahnen am Himmel, übe, übe und übe. Es muss so sein, dass du nicht mehr anders kannst, dann hast du gewonnen, bist du hundertprozentig auf dem richtigen Weg, alles andere ist Kindergartenkram.

Bald habe ich es gepackt
Das höre ich häufig, gepackt hast du es erst, wenn du tot bist. Solange du am Leben bist, hast du es nie gepackt. Es gibt nichts konstanteres, als die Veränderung. Was heute gut war, ist morgen be-

reits überholt und nicht von Relevanz. Es gibt täglich neue Situationen und diese, gilt es zu meistern. Tue es, mache es mit Bravour und der erhoffte Erfolg, sei dir gewiss. Erfolglose halten sich lieber mit dem Elend und den Problemen auf. Beschäftigen und besprechen diese täglich aufs Neue. Erfolgreiche erkennen die Situation und konzentrieren sich sofort auf deren Lösung. Lassen sich durch nichts und niemandem behindern.

Wie oft trainierst du in deinem Leben

Das ist doch eine berechtigte Frage. Findest du nicht auch? Wie oft trainierst du? Hierauf erhalte ich meist folgende Antwort „Ja, ich gehe doch täglich arbeiten!" Na super, das ist aber kein Training, dies ist eine reine Maßnahme um Geld zu verdienen. Das machst du doch schon einige Zeit, oder? Was hat sich in dieser Zeit geändert? Was wird sich in Zukunft ändern? Schauen wir in die Zukunft und machen eine Zeitreise von zehn Jahren.

Was glaubst du, hat sich in diesem Zeitraum geändert? Vielleicht machst du noch das Gleiche, verdienst ein paar Euros mehr oder bist unter Umständen wegrationalisiert worden. Tja, wie wird der Rest deines Lebens aussehen, wohl so ähnlich? Folglich wirst du in dieser Disziplin, nie die große Geschichte landen. Was bleibt dir also übrig? Dich damit abzufinden oder total neue Wege zu beschreiten. Wenn du neue Wege gehst, musst du trainieren. Tag für Tag, Woche für Woche, Monat für Monat und Jahr für Jahr. Bis du auf deinem neuen Weg, ein großer Meister bist. Schreibe bitte sofort all die Dinge auf, wo du richtig und regelmäßig trainierst.

1.) _____

2.) _____

3.) _____

4.) _____

5.) _____

Wie viele Punkte hast du beantwortet? Ich habe dir bewusst fünf Punkte zur Verfügung gestellt. Höchstwahrscheinlich geht es dir so wie den meisten. Noch nicht einmal eine Disziplin ist aufgeführt. Mache dir jedoch keine Sorgen, du bist völlig normal. Weißt du warum, weil die meisten Menschen genauso ein Trainingsprogramm von null haben, wie du. Das ist weiters nicht schlimm, solange du zufrieden und absolut glücklich bist, ist das völlig in Ordnung. Wenn du aber spürst, dass du gerne mehr haben möchtest, musst du auch mehr tun. Der Wunsch ein Adler zu sein nützt nichts, wenn du weiterhin wie ein Huhn lebst.

Dein Fazit: _____

Was und wie oft wirst du trainieren

„Weiß ich jetzt noch nicht!" Okay, bis wann du es weißt, das weißt du auch noch nicht. Wunderbar, eine gute und interessante Ausgangsbasis. Dies ist nicht tragisch, Frage ist aber, wo du mit solch einer Einstellung landen wirst? Ich denke, das ist dir hinlänglich bekannt. Also, komm lass es uns sofort anpacken. Notiere unverzüglich, welche Maßnahmen du sofort einleiten wirst. Wie wird dein zukünftiges Trainingsprogramm ausschauen? Notiere, ohne lange zu überlegen.

Was tust du?	**Wieso tust du das?**	**Wann tust du es?**
1.) _____	_____	_____
2.) _____	_____	_____
3.) _____	_____	_____

4.) _____ _____ _____

5.) _____ _____ _____

Was hast du für ein Gefühl? Geht es dir gut? Bist du glücklich und happy? Oder klemmt es eher? Schlimm, nein nur schade, wenn du nichts daraus machst. Solltest du so wie die meisten nicht zurechtkommen, melde dich am besten unverzüglich auf das Adler-Seminar an. Auf den letzten Seiten im Buch bekommst du nähere Infos. Oder lasse dich sofort coachen. So kommst du noch schneller voran und musst nicht warten, bis das Seminar im Frühjahr oder Herbst stattfindet. Du musst es nur tun, zu einer Entscheidung kommen und dann funktioniert es.

Dein Fazit: _____

Erfolg ist nicht alles

Da hast du natürlich völlig recht, Erfolg ist nicht alles, nur ohne Erfolg, ist alles nichts. Na, was sagst du jetzt dazu? Oder bist du solch ein Weltverbesserer, der weiß, wie es genau geht? Die anderen Menschen vor solchen, wie mir die zeigen, wie man zum Erfolg gelangt, schützen muss? Was haben die anderen davon, dass es dich gibt? Oh doch, es gibt eine Sache, dass sie sich nicht anstrengen müssen, weil Erfolg nicht alles ist. Aber eine große Hilfe bist du deshalb nicht. Du trägst nichts dazu bei, dass sich die Welt zum Positiven verändert. Du hältst die Menschen nach wie vor dort, wo sie sind. Du bestärkst diese darin, dass es nicht leicht ist und es eine riesige Diskrepanz gibt, zwischen denen die haben und den anderen.

Die Ja-Aber-Typen
Wenn du solchen Typen begegnest, nimm dich in acht vor ihnen, sie tun dir nicht gut. Du benötigst Lösungen, um aus deinem Dilemma herauszukommen und das sind andere Gedanken, Ziele und Visionen.

„Die Ja-Aber-Typen"

haben keine und deren Erfolg ist miserabel. Wie soll einer helfen können, wenn er selbst keine Ahnung davon hat. Auch wenn er ein Studium absolviert hat, deswegen hat er noch lange keine Ahnung, was Erfolg bedeutet und wie man da hingelangt. Wie willst du anderen Menschen etwas erklären, wo du es weder gesehen noch erlebt hast? Keine Chance, aber auch keine einzige.

Geld ist nicht alles
Das ist ebenfalls ein dummer Spruch. Wer nimmt diese Worte in den Mund? Hundertprozentig nicht die Leute, die Geld besitzen, sondern die anderen. Es ist nicht tragisch, kein Geld zu besitzen,

wenn man es erkennt und sich auf den Weg macht, die Dinge zu ändern. Geld ist nicht alles, ja was ist dann, wenn du kein Geld hast? Ja, da ist wahrlich alles nichts. Um was dreht es sich? Richtig, um das liebe Geld. Da wird über das Geld geschimpft, mit schnöder Mammon, scheiß Kohle und weitere üble Worte. Das führt dich aber nicht zum Ziel, sondern noch weiter weg. Für Menschen, die kein Geld besitzen, ist Geld das zentrale Thema geworden. Alles dreht sich ums liebe Geld. Der meiste Streit, welcher in den Familien entsteht, basiert auf Geld. Folglich überlege dir genau, bevor du in diesen Tenor einsteigst, von wegen Geld ist nicht alles. Geld ist genau das, was du daraus machst. Ändere unbedingt deine Einstellung zum Geld.

Von wem kannst du lernen
Diese Frage solltest du dir öfter stellen. Lernen kannst du nur von Erfolgreichen. Denn diese wissen, wie man dahin kommt. Lernen kannst du jedoch auch von den anderen, wie man zum Nichterfolg gelangt. Hier gibt es wahre Meister, wie du siehst, hast du die freie Wahl. Du musst nur wählen und los geht es. Übrigens nicht wählen ist bereits gewählt, aber leider nicht im positiven Bereich.

Glaube an dich und deinen Erfolg
Das ist deine größte Aufgabe, dass du hundertprozentig an dich glaubst, ohne eine Sekunde zu zögern. In dem Moment, wo du anfängst zu zweifeln, hast du verloren. Sich zu den Verlierern zählen zu dürfen, ist sicherlich nicht lustig und erbauend. Das macht keinen Spaß und Freude. Bleibe an deinen Träumen und Visionen dran. Hüte dich davor, dich mit solchen Spezialisten abzugeben, die komische Dinge behaupten, dass Erfolg und Geld nicht alles auf der Welt ist. Die bringen dich in deinem neuen Leben keinen Millimeter weiter.

Du bist für dich verantwortlich

Präge dir das tief ein, nicht die anderen sind für dich zuständig, nicht der Ehepartner oder die Kinder. Du hast alles in dir, folglich nutze es und mache daraus eine große Meisterleistung, dass du riesig stolz auf dich sein kannst. Ein enorm wichtiges und aufbauendes Prinzip, auf sich stolz sein zu dürfen. Das ist wunderbar und stärkt das Selbstvertrauen. Du bist für dich zuständig und nicht der Staat oder sonstige Institutionen. Deshalb sei stets wachsam und trenne permanent die Spreu vom Weizen.

Biete anderen Menschen einen hohen Nutzen

Das ist eine wichtige Maxime. Wenn du Erfolg haben möchtest, ist es deine oberste Priorität, anderen Menschen einen hohen Nutzen zu bieten. Das beherrschen leider die wenigsten. Daraus entsteht die große Diskrepanz zwischen Nutzen bieten und dem Verdienst, der oft klafft zwischen dem, was man gerne hätte und dem Nutzen, den man dabei zugrunde legt. Hier kannst nur du Abhilfe schaffen.

Welchen Nutzen bietest du anderen Menschen

Für die meisten Menschen lautet die Frage umgekehrt. Welchen Nutzen bieten die anderen mir? Das ist die schlechteste Ausgangsbasis, die man sich überhaupt nur denken kann. Dies sollte man sich ab sofort schenken. Denn es ist fatal, so durchs Leben zu gehen. Frage ist nicht, was können die anderen für mich tun, sondern was kann ich für andere tun. Schreibe bitte alles auf, was du für andere tust und welcher Nutzen dahinter steckt.

1.) _____

2.) _____

3.) _____

4.) _____

5.) _____

6.) _____

7.) _____

8.) _____

9.) _____

10.) _____

Wenn du das anschaust, was hast du für ein Gefühl? Denkst du, dass hier tatsächlich ein hoher Nutzen für die anderen Menschen vorhanden ist? Sage bitte nicht gleich voreilig, aber ja doch, denke darüber nach. Viele Menschen funktionieren zu sehr, deswegen bieten sie noch lange keinen hohen Nutzen. Was denkst du nun? Geht es dir gut? Oder hast du eher das Gefühl, dass du dich ausnutzen lässt? Dann hätten wir einen massiven Schiefstand, das wäre schlecht. Denn einen hohen Nutzen bieten, bedeutet zugleich, dass es für dich einen Nutzen bietet. Das Gesetz von „Geben und Nehmen" kommt hier vollends zum Tragen.

Dein Fazit: _____

Reduziere das Ganze auf drei Punkte

Reduktion auf das Wesentliche, lautet die Devise. Das ist eine wunderbare Ausgangsbasis. Suche die drei wichtigsten Punkte. Wo stimmt das Gesetz von „Geben und Nehmen?" Auch dafür bist du verantwortlich. Niemand anderes als du kann entscheiden, wo es stimmig ist und wo eine Diskrepanz herrscht. Bei deiner Entscheidung ist wichtig, dass du keine Ressentiments hegst. Von wegen, das kann man nicht machen. Häufig haben wir solch einen Nonsens in unserem Kopf. Es ist nicht die Frage, ob wir es nicht machen können, sondern es wird für uns die Frage von

„To be or not to be"

sein, das ist weitreichender. Habe ruhig den Mut, einige Dinge zu canceln, welche nicht stimmig sind. Schreibe deine drei Points auf.

1.) _____

2.) _____

3.) _____

Wie ist dein Empfinden? Hast du erkannt, wo das Problem liegt? Du musst dich als Adler auf das Wesentliche konzentrieren. Auf das Wichtige und nicht auf Nebensächlichkeiten, diese bringen dir nichts. Im Gegenteil, sie führen dich immer weiter von dir weg. Du bist verantwortlich für deinen Energiehaushalt, musst dafür sorgen, dass dieser sich auf einem hohen Level bewegt.

Dein Fazit: _____

Sei ein Vorbild

Das hört sich gut an, oder? Für wen Vorbild sein? Das ist einfach, in erster Linie dir selbst gegenüber. Was ist in dem Wort „Vorbild" enthalten? Richtig ein Bild und unser Unterbewusstsein arbeitet ausschließlich mit Bildern. Je stärker und kräftiger wir ein Bild unser eigen nennen können, desto besser die Verwirklichung. Unser Leben ist so unkompliziert, nur wir machen es dermaßen kompliziert und vertrackt. Dabei wissen wir bereits, wie alles geht und funktioniert. Entscheidend ist, was wir daraus machen. Sei dir und auch den anderen Menschen gegenüber ein Vorbild.

Nun, ob diese dich gleich als Vorbild sehen, das mag dahingestellt sein. In erster Linie geht es um dich, dir tut das sehr gut. Du benötigst das auch, weil es dir hilft, schneller und konsequenter voranzukommen. Je intensiver dein Bild ist, desto weniger hast du Zeit, davon abzuweichen. Wer kein Bild hat, hat kein Ziel. Ohne Ziel sind wir verloren. Wir irren ein Leben lang umher und sind permanent für die anderen da. Vorbild hat auch mit deiner Positionierung und deinem Image zu tun.

Sei stark

Bei allem, was du tust, sei stets stark und verfolge deine Ziele. Lass dich von niemandem und nichts aufhalten, komme, was da wolle. Leider lassen die meisten an Stärke zu wünschen übrig. Das hindert dich zügig und schnell voranzukommen. Stark sein heißt, beseelt von seinen Zielen und Gedanken, bereits in der Verwirklichung zu leben. Was gibt es Schöneres, als genau dies zu erreichen. Dafür lohnt es sich aufzustehen und täglich eine Meisterleistung zu vollbringen.

Carpe diem

Kennst du carpe diem? Sicherlich hast du davon schon gehört. Es sagt aus, dass du den Tag pflücken sollst. Da sein, mitten im Leben stehen und den Tag ausfüllen. Aus jedem Tag die Chancen, die sich bieten, zu nutzen und in Erfolge umzuwandeln. Eine schöne und zufriedenstellende Aufgabe, die ihresgleichen sucht. Nicht warten, sondern Tag für Tag das Beste daraus machen. Vor lauter Jammern, Borniertheit und sonstigen Storys, ist es für viele leider nicht möglich. Diese sind so blockiert, mit sich und der Welt uneins, dass sie keine Chance haben, in den Tag hinein zu gehen. Dabei gibt es nichts Schöneres. Immer um Mitternacht erhalten wir 24 Stunden geschenkt. Das ist doch ein Traum, oder, ich finde das genial. Es macht mich glücklich, solch ein Geschenk erhalten zu dürfen, ohne dafür eine Gegenleistung erbringen zu müssen. Ein tolles System, unser Leben. Chaotisch wird es erst, wenn wir nichts daraus machen und uns selbst im Wege stehen.

Du bekommst jeden Tag neue Chancen

Ist dir das bewusst? Wohl kaum, denn sonst würdest du sie alle nutzen, glücklich und dankbar sein. Wie heißt es treffend „Chancen gehen nie vorüber – sie werden nur von anderen weg geschnappt!" Na klar, bis du ausgeschlafen hast und in die Pötte kommst, ist der Markt längstens verlaufen. Danach kannst du dich wieder eine Runde lang beklagen, wie ungerecht das Leben ist. Dabei bist du an der Misere schuld, du kannst es aber ändern. Ergreife die Möglichkeiten, die sich dir bieten. Da haben wir aber das nächste Problem. Du musst Entscheidungen treffen und davor haben die Menschen Angst. Es ist ihnen fremd und unangenehm. So trifft man lieber keine Entscheidung und ist erstaunt, dennoch eine getroffen zu haben, nämlich die, keinen Erfolg zu haben.

Verlasse unverzüglich den Hühnerstall
Ich kann dir eines mitgeben, verlasse endlich den Hühnerstall und gehe in die große, weite Welt hinaus. Nutze all die Möglichkeiten, die sich dir bieten, mache es unbedingt zeitlebens. Denn wenn du ewig auf den besonderen Tag wartest, wo du endlich zuschlagen wirst, darüber kannst du sehr alt und gebrechlich werden, das wäre schade. Sage Adieu, trete hinaus und schaue niemals zurück, sonst geht es nicht. Ich spreche aus eigener Erfahrung und aus der von anderen Menschen, die genau wie du auch einmal, sich in solch einer wunderbaren Situation befanden. Du kannst es ändern, tue es bitte dir zuliebe. Nicht für die anderen, aber für dich, denn du solltest es dir wert sein.

Ohne Training, keine Chance
Wir haben bereits darüber gesprochen, du musst Tag für Tag trainieren. Trainiere auch deinen Entscheidungsmuskel. Wenn dich das interessiert, lese dazu mein Buch „Trainiere endlich deinen Entscheidungsmuskel!" Du wirst dadurch immense Freude und Ergebnisse erzielen. Erfolg ist kein Zufallsfaktor, sondern harte Arbeit und tägliches Training. Je intensiver du das Ganze verfolgst, desto schneller kommst du letztlich voran. Je mehr Ergebnisse du erzielst, desto mehr Freude und Spaß hast du daran. Je mehr Freude und Spaß du hast, desto öfters willst du das Gefühl erleben und setzt alles daran, um dahin zu gelangen.

Ein Traum nach dem anderen tut sich dir auf. Jetzt ist natürlich die Frage, ob du das verstehst und auch so siehst. Wenn das nicht der Fall ist, haben wir wieder ein Problem. Denn ohne geistige Vorstellungskraft werden wir nicht vorankommen. Keine Chance zum Erfolg zu gelangen. Denn auch du hast deinen Erfolg verdient. Aber vor dem Verdienen, steht wie bereits in dem Wort enthalten, das Dienen.

Ohne harte Arbeit tut sich nichts

Das ist ein dummes Märchen, welches sich hartnäckig hält, dass man mit Glück zum Erfolg gelangt und sonst durch nichts anderes. Das ist solch ein Schwachsinn. Wer das behauptet, hat leider keine Ahnung. Also pass gut auf, mit welchen Menschen du dich abgibst. Du musst arbeiten, sehr viel arbeiten und dann gelangst du zum Erfolg, alles andere ist eine reine Farce. Folglich mache dich auf den Weg, und wenn du abends müde bist, lege nochmals eine Extrameile ein. Mit der Zeit wirst du dich daran gewöhnen, dass du noch etwas machst. Du hast viel Spaß und Lebensfreude, kommst in eine total andere Dimension hinein.

Das Schicksal meint es nicht gut mit dir

Hüte dich und nimm dich in acht, vor solch einem Schmarren. Wenn du anfängst, daran zu glauben und zu denken, bist du komplett blockiert. Du gibst deine eigene Selbständigkeit auf, bist nicht Herr deiner selbst. Auch wenn das die meisten anders sehen mögen. Unterschätze nicht die Kraft deiner Gedanken. Diese sind wie ein Laserstrahl und durchdringen alles. Wer an sein Schicksal glaubt, gibt sich vollends aus der Hand, das solltest du niemals tun. Sorge dafür, dass du bei dir bleibst, es in deiner Hand hast, die Dinge zu managen. Am Anfang jeder großen Sache, steht zuerst der Gedanke und dann die Tat. Zeige und sage mir deine Gedanken und ich sage dir, wer du bist. Auch ich wurde von verschiedenen Leuten und Institutionen nach dem Schicksalsphänomen erzogen. Stets stand ich völlig ohnmächtig davor, mache dich sofort frei davon.

Du hast es in deiner Hand

Vergiss das nie, du bist nicht der Spielball von irgendwelchen Mächten. Du hast alles in dir, was du benötigst, um eine Meisterleistung zu vollbringen. Du, nur du alleine hast alle Möglichkeiten. Du musst aufpassen, was du denkst und wie du damit umgehst. Jeder Gedanke manifestiert sich und wird zur Wirklichkeit. Folglich achte auf das, was du denkst und wie du redest. Jeder Gedanke, jede Aussage ist ein Saatkorn. Von der Natur ist es vorgesehen, dass Saatkörner eine einzige Aufgabe haben, aufzugehen und sich zu verwirklichen. Das ist kein esoterisches Geschwätz, sondern ein eisernes Naturgesetz. Wenn du es nicht glaubst, achte einmal darauf. Pass gut auf dich auf und sorge dafür, dass du nicht untergehst.

Manchmal habe ich keine Lust
Wenn du diesen Gedanken dein eigen nennst, ihn mit dir herumträgst und womöglich noch publik machst, darfst du nicht erstaunt sein, wenn es so wird. Es gibt Momente, wo wir kurz eine gewisse Schwäche haben. Aber keine Lust zu haben, ist fatal und soweit darfst du es nie kommen lassen. Noch schlimmer ist, was manche sagen „Mich kotzt es an!" Das ist die absolute Krönung. Wie redest du da von dir? Es kotzt dich an und wie fühlst du dich, wenn du angekotzt wirst? Bestimmt nicht gut, wenn es dich ankotzt, fühlst du dich auch verkotzt.

Bei mir ist alles anders
Das ist der nächste, dumme Spruch, bei dir ist nichts anders. Du tickst und bist genauso aufgebaut, wie alle anderen Menschen. Du hast alle Fähigkeiten in dir, die du leben kannst oder nicht. Du bist dein Herr und Meister, niemals dein Schicksal. Außer du lässt es zu, dann wird es auch so werden. Kein Mensch kann deiner habhaft werden. Darum sei achtsam und gehe den Weg der Erfolgreichen. Dieser besteht nun einmal aus „Machen und Tun" in einer fortlaufenden Reihenfolge, ohne irgendwelche Unterbrüche.

Das soll alles gewesen sein
Die nächste, nette Geschichte. Wenn du es zulässt und dich nicht rege an deiner Lebensgestaltung beteiligst, kommt es schnell zu dieser Aussage. Das muss aber nicht sein, wozu auch? Du hast jeden Tag alle Chancen, pünktlich um Mitternacht geht es los. Folglich musst du dir keine Sorgen machen und den Müll des abgelaufenen Tages mitnehmen. Viele machen das und kommen zu keinem Ende. Permanent wird die alte Suppe aufgewärmt. Solange man die alten Geschichten mitschleppt, wird sich nichts ändern. Jeder Tag ist ein neuer Tag und so solltest du ihn auch nehmen, als etwas jungfräuliches.

Das würde ich auch gerne machen

Na, wie hört sich denn das an. Wieso tust du es nicht? Tja, das ist nicht leicht und dann wird die ganze Litanei an Opferstorys abgespult. Welch unglaubliche Geschichten hervor gekramt werden, das ist haarsträubend und führt genau ins Gegenteil. Wenn ich etwas gerne würde, tue ich es, da warte ich keine Minute länger. Es fesselt mich, dass ich hundertprozentig davon beseelt bin und alles daran setze, es zu erreichen. Das ist die oberste Maxime und bestimmt nicht zu warten, dass sich womöglich etwas von selbst tut. Niemals lege ich solch ein Verhalten an den Tag.

Was würdest du gerne tun
   Wir wollen das festhalten, was du gerne tun würdest. Notiere all die Punkte, ohne zu zensieren.

   1.) _____

   2.) _____

   3.) _____

   4.) _____

   5.) _____

   6.) _____

   7.) _____

   8.) _____

9.) _____

10.) _____

Was denkst du? Wie geht es dir? Was hat dich daran gehindert, die Dinge umzusetzen? Schreibe die Gründe auf.

1.) _____

2.) _____

3.) _____

4.) _____

5.) _____

6.) _____

7.) _____

8.) _____

9.) _____

10.) _____

Wie findest du die Gründe? Sind diese in Ordnung? Oder ist es wieder die gesamte Palette an Ausreden, die ein Mensch haben kann? Je ehrlicher du zu dir bist, desto besser geht es dir. Wahrheit und Klarheit, als fester Bestandteil.

Dein Fazit: _____

Schauen wir uns die drei dringlichsten Projekte an

Reduktion auf das Wesentliche, führt zum Erfolg. Alles andere ist unnötige Zeitverschwendung und führt dazu, dass sich nichts tut. Suche dir deine drei wichtigsten Projekte und halte diese fest.

1.) _____

2.) _____

3.) _____

Normalerweise muss es dir jetzt besser gehen. Wenn man sich festgelegt hat, geht es einem besser und man fühlt sich befreit. Das ist wichtig, dass man diesen Schritt fortlaufend macht. Nicht den gesamten Ballast sehen und angehen wollen, sondern wenige Dinge davon. Die einem die nötige Motivation geben und die daraus resultierende Kraft.

Dein Fazit: _____

Davon träume ich schon lange

Was nützt es, wenn man ein Leben lang träumt und nichts davon umsetzt? In der Hoffnung zu leben, macht auf Dauer krank. Das ist schade und vor allem unnötig. Du sollst ruhig träumen, sogar viel träumen, du kannst riesige Träume dein eigen nennen. Vergiss aber nie deren Umsetzung. Warte nie mehr, noch nicht einmal eine Minute. Je schneller du dich verwirklichst, desto glücklicher wirst du schlussendlich.

Der hat gut reden

Das höre ich öfters, ist auch richtig so. Sehr gut habe ich sogar reden, denn es ist das Wertvollste was ich überhaupt habe, dass ich permanent jeden Tag, manchmal zwischendurch überprüfe, was für mich wichtig ist und was nicht. Wie ich mir mein Leben angenehmer und eleganter gestalten kann, wie ich leichter und schneller vorankomme. Ich stehe ständig im Prozess des KvP, was nichts anderes bedeutet, als kontinuierlicher Verbesserungsprozess. Er hilft all die Dinge, die nicht gut gelaufen sind, dahingehend zu verbessern, dass sie zu wesentlich besseren Ergebnissen führen. Das ist die Hauptsache, Ergebnisse, die stimmen und glücklich machen. So musst du wahrlich nicht eifersüchtig sein. Auch du hast alle Chancen in dir vereint, die Dinge zu deiner vollsten Zufriedenheit zu verändern. Es dir super gut geht und du voll im Flow deines Lebens bist. Flow, die Leichtigkeit des Seins will erarbeitet werden, das bekommst du nicht geschenkt.

Das Leben ist das wertvollste, was es gibt
Denke stets daran, dass es nichts Wertvolleres gibt, als das Leben und hier besonders dein Leben. Du hast es geschenkt bekommen, was wunderbar ist. Jetzt hast du es in deiner Hand, was du daraus machst. Wie gehst du damit um? Diese Frage ist wichtig, denn sie hilft dir klarer zu blicken. Du solltest keine einzige Sekunde, schlecht mit dir umgehen. Deine Kommunikation, die du mit dir führst, erfolgt auf einem hohen Niveau. Du beschimpfst dich nie wieder, bist liebevoll und aufbauend.

Ich müsste irgendetwas erfinden
Das Märchen der Nichtwissenden, die davon träumen, wenn sie etwas erfinden, wären sie gemachte Leute. Dabei wird vergessen, dass man bis dorthin intensiv und lange an der Erfindung arbeiten muss, selbstverständlich Rückschläge erleidet, daran wird nicht gedacht. Es soll wie im Zauberland zugehen, nachts einen Traum, morgens aufstehen, abends die Erfüllung. Das wäre wundervoll, findet aber nur im Märchen statt. Ich kenne keinen Erfinder, der es ohne Rückschläge soweit gebracht hat.

Ohne Durchhaltevermögen geht nichts
Daran denken die wenigsten Menschen. Wie es das Wort aus-

drückt, du musst da durchgehen, es aushalten und dann gelangst du zu Vermögen, dazwischen gibt es nichts. Alles andere ist reine Utopie und gehört ins Reich der Märchen. Die wenigsten haben heutzutage, überhaupt noch Durchhaltevermögen, das sieht man in allen Bereichen. Was nicht gleich funktioniert, wird gecancelt. Mit solch einem Verhalten kommt man nie voran und bringt es nicht zu Höchstleistungen. Das ist traurig, denn wer zu früh aufgibt, hat verloren. Es kommt der Tag, wo man sich ans Aufgeben gewöhnt hat, es zur Selbstverständlichkeit wird.

Zu diesem Thema habe ich ein Buch geschrieben „Gib nie, nie, nie, niemals auf!" Wer aufgibt, hat verloren, dies gilt es zu begreifen. Wenn du die alte Welt, den Hühnerstall verlassen willst, um im Adlerhorst Platz zu nehmen, benötigst du erst recht Durchhaltevermögen. Dort ist es ein wenig einsamer, dafür wunderschön. Die Luft ist dünner, du hast nicht Hunderte von Freunden oder Kumpels. Du hast ein paar Leute weniger, aber diese sind aus einem besonderen Holz geschnitzt.

Wenn es nicht so schwer wäre
Was ist dies für eine selbsterfüllende Prophezeiung? So kannst und darfst du nicht denken. Es ist wie immer, eine Frage des Engagements. Was machst du daraus? Mit welcher Einstellung gehst du ins Rennen? Was ist deine Intention? Welches sind deine Ziele? Wie lange gibst du dir Zeit dafür? Wer kann dir helfen? Wo könnten Schwierigkeiten auftreten? Wie kannst du diesen habhaft werden? Was ist, wenn du es erreicht hast? Was ist, wenn du es nicht erreichst? Wie geht es dir dabei? Was machst du dann? Viele Fragen, die du dir beantworten solltest. Denn dadurch hast du eine klare Richtschnur und weißt, wo es langgeht.

Dein Leben ist keine Generalprobe

Die meisten Menschen leben erschreckenderweise so, als befinden sie sich gerade in der berühmten Generalprobe und danach könnte man bei der Uraufführung, alles richtig machen. Irgendwann holt die Leute die bittere Wahrheit ein. Spätestens, wenn sie im Alter feststellen, dass das Leben Richtung Zielgerade schreitet und vieles nicht so war, wie man es sich vorgestellt hat. Ein brutaler Moment, den man sich schenken könnte, wenn man von Anfang an gleich das richtige, sein eigenes Leben leben würde. Klare Botschaft „Es ist höchste Zeit aufzuwachen!" Lieber sofort, als irgendwann. Je länger du wartest, desto härter wird es werden. Passe gut auf dich auf, dass du nicht in die Falle der Generalprobe läufst.

Was willst du

Die Frage aller Fragen, was willst du? Was willst du wirklich? Wieso willst du das? Was hast du davon? Wenn du endlich weißt, was du willst, kannst du dich hundertprozentig darauf konzentrieren. Alles andere, was dich von deinem Ziel wegführt, kannst du canceln. Es gibt keinen Sinn Dinge zu verfolgen, die dich von deinem eigentlichen Sein wegführen. Passe gut auf dich auf, bevor es zu spät ist. Dieses Programm darfst du dir nicht geben, nie und nimmer. Du musst dich manchmal buchstäblich vor dir selbst schützen. Leider ist das die traurige Wahrheit. Wenn du es weißt, ist das auch kein Problem.

Manipuliere dich oder du wirst manipuliert

Das hört sich vielleicht für dich komisch an, ist aber genau das Thema. Wenn wir uns nicht manipulieren, tun es andere und das ist nicht lustig. Also arbeite permanent an dir. Bilde dich weiter, so oft du kannst. Fort- und Weiterbildung ist das A und O auf dieser Erde. Wie es die Worte ausdrücken „Fort...., d.h., es geht fort.

Weiter..., es geht weiter. Bild..., du hast ein klares Bild, wo es hingeht!" Du kannst nie genug wissen. Ich bin erstaunt, wie wenig die Menschen bereit sind, zu lernen. Dabei ist dies das Spannendste, was es gibt. Ein Traum, wie es frei und glücklich macht.

Hoffentlich geht es gut
Ja, was ist denn das? Du sollst nicht hoffen, sondern alles daran setzen, dass es hinhaut. Du weiterkommst und es fest im Griff hast. Hoffen, ist eine schlechte Ausgangsbasis. Was das Leben und den Erfolg anbelangt, solltest du nie hoffen. Das macht dich durch die vielen Enttäuschungen, die du dadurch erlebst, krank. Du kannst hoffen, dass das Essen im Lokal schmecken wird, dass der/die Angebetete deine Gefühle erwidert. Dann hört es aber auf. Arbeite intensiv an dir und setze alles daran, dass du eine Meisterleistung hinlegst. Darauf kannst du aufbauen und stolz sein. So gewöhnst du dich daran, weiter und weiter zu machen.

Lebe ab sofort im „Hier und Jetzt"
Fata Morgana ist für die Wüste bestimmt, aber nicht für dein Leben. Wenn dies die Menschen begreifen würden, ginge es ihnen besser. Fange ab sofort an, die Dinge zu positionieren, warte keine einzige Minute länger. Es schadet dir und du wärst wirklich verrückt, wenn du dir unnötig Schaden zufügst. Das brauchst du nicht, hast du nicht nötig. Folglich halte dich hundertprozentig daran. Stürme schnell aus dem Hühnerstall, öffne deine Flügel, beginne mit einigen Flügelschlägen und du wirst den ersten, kleinen Flug hinlegen. Danach gehe in die Flugschule und übe jeden Tag fleißig. Mögen die Hühner dir sagen, dass dies verrückt ist. Lasse dich nicht beirren, auch wenn du manche Bauchlandung hinlegst. Hier kann ich dir einen wunderbaren Film empfehlen „Die Möwe Jonathan!" mit traumhafter Musik von Neil Diamond.

Die Reichen werden immer reicher

Kennst du diesen Spruch? Na klar doch, es ist eine festgefahrene Meinung und stimmt natürlich. Weißt du, was hier passiert? Beide machen es richtig, sie tun Tag für Tag das, was sie immer getan haben. Und wenn du das tust, was du seit ewigen Zeiten getan hast, wirst du das Gleiche ernten. Fazit: Was wird der Arme ernten, weiterhin Armut und der Reiche, Reichtum. Nun kommt Otto-Normalbürger und behauptet, dies sei ungerecht. Da muss ich dagegen halten und fragen, was hast du in deinem Leben schon bewegt? Wie viel hast du gearbeitet?

Welche überdurchschnittliche Leistung hast du erbracht
Ich tue mich mit dem Gejammere unendlich schwer. Immer dieser Glaube, dass den Reichen alles geschenkt wird, sie Glück hatten. Das wird natürlich gerne weitergegeben und von manchen Politikern zusätzlich mit Reichensteuer und sonstigem Schwachsinn geschürt. Ebenso erzählt die Presse manchen Schwachsinn. Nun denn, was sind Journalisten? Welchen Erfolg können diese aufweisen? Ich weiß, dass ich ab sofort einige Freunde weniger habe, sei es drum. Ich bin der Meinung, wir müssen den Tatsachen ins Auge schauen. Wieso hat jemand mehr Geld, als der andere? Weil er eben einige Dinge mehr tut als der, der das alles nicht hat, die berühmte Extrameile geht. Ihm nichts zuviel ist, er stets engagiert ist und dort anfängt, wo die Erfolglosen aufhören. Sollte jemand geerbt haben, da gab es Vorfahren, die eine besondere Leistung erbracht haben, das ist alles.

Welches Pensum arbeitest du
Sei ehrlich! Auf diese Frage höre ich meist „Genug!" Das sieht

aber nicht danach aus. Wenn man das Konto anschaut, muss man tatsächlich sagen, dass dem nicht so ist, Kapazitäten noch vorhanden sind. Schreibe auf, wie viel du arbeitest.

pro Tag	**pro Woche**

Was denkst du, wo die Zahlen schwarz auf weiß auf Papier stehen? Ist das genug? Du weißt, was das Wort genug ausdrückt, dass es eben gerade genug ist. Wie viel ist genug, eben nur genug. Und wenn du durch das Resultat genug erntest, hast du auch auf deinem Konto genug.

Acht Stunden reichen gerade aus

Das ist leider so und wird sich auch nicht ändern. Wenn du gerade das geforderte Pensum arbeitest, hast du auch keine Ansprüche zu stellen. Es reicht gerade zum Leben. Da gibt es noch einige organisierte Spezialisten, die sind der Meinung, man müsste das noch um einiges reduzieren. Schließlich soll der Mensch gut leben können und vor allem, etwas von seinem Leben haben. Wer zu viel arbeitet, wird krank. Na bravo, was für eine clevere Aussage. Krank wirst du, wenn du Dinge tust, die du nicht magst. Erfolgreiche zeichnet eines aus, dass sie Dinge tun, die ihnen Spaß bereiten. Arbeiten, welche zum Flow führen, bringen die Leichtigkeit des Seins.

Wenn du mehr willst, musst du mehr tun

Das ist eine altbekannte Tatsache, das Gesetz von Aussaat und Ernte, kommt permanent zum Tragen. Da nützt alles hoffen und beten nichts. Ich habe auf meinen Schreibtisch folgendes Zitat

„Der Erfolgreiche beginnt da, wo der Erfolglose aufhört!"

Gewöhne dir an, etwas mehr zu tun. Du könntest das doppelte Pensum arbeiten, dann hättest du doppelt soviel Geld wie jetzt. Das ist aber nicht Sinn der Sache. Arbeite ruhig ein wenig mehr, dann nehme dir die Zeit dazu zu lernen. Denn je mehr du weißt, desto mehr kannst du den Menschen einen Nutzen bieten. Je höher dein Nutzen, desto höher ist der Ertrag, der auf dich zurückkommt. Ist das nicht wundervoll? Wenn du jedoch ins Leben wenig reingibst, wirst du auch wenig zurück bekommen. Tragisch, wenn du in diese selbstgebaute Falle reinläufst.

Fünf-Tage-Woche reicht
Wer hat das erfunden? Wenn du Erfolg haben willst, musst du mehr tun. Da sollte es eine Sechs-Tage-Woche sein. Es ist doch keine Schande und tut nicht weh, wenn du am Samstag etwas arbeitest. Dies ist letztlich ein kompletter Arbeitstag, der dir zur Verfügung steht. Machen wir einmal eine simple Rechnung, ob es sich für dich lohnt oder nicht. Du arbeitest jeden Samstag, bis auf die paar Male, wo du in Urlaub fährst. Gehen wir von zehn Monaten aus. Damit wir schnell rechnen können, nehmen wir pro Monat vier Samstage.

Einen Samstag dafür erhältst du € 50,- oder € 100,-

Wenn wir uns das anschauen, können wir sagen, na ja € 50,- ist nicht gerade die Welt. Vielleicht verdienst du das Doppelte. Also, € 100,-, das ist schon besser. Nun schauen wir uns an, was es in einem Monat ausmacht.

Einen Monat dafür erhältst du € 200,- oder € 400,-

Nun, € 200,- haben oder nicht, ist doch etwas. Natürlich wirst du dadurch noch nicht reich. Ich möchte dir aber aufzeigen, was passiert, wenn man anfängt. Eine Million Euro, beginnt mit dem ersten Cent. Jetzt schauen wir uns das Ganze, auf ein Jahr hochgerechnet an. Wobei wir zehn Monate zugrunde legen, das sind vierzig Samstage.

Ein Jahr (10 Monate)   dafür erhältst du   € 2.000,-   oder   € 4.000,-

€ 2.000,- zu haben oder sogar das Doppelte, ist ein Wort. Ich hoffe, du kannst erkennen, was geschieht, wenn man anfängt, zu rechnen. Wie oft höre ich zu Beginn, wenn ich den Menschen empfehle, etwas mehr zu tun, folgende Aussage „Ich bin doch nicht blöd!" Erfolgreiche Menschen rechnen immer hoch, was in zehn Jahren sein wird. Schauen wir es uns an.

In 10 Jahren   dafür erhältst du   € 20.000,-   oder   € 40.000,-

Das ist ein stattliches Sümmchen. Wenn wir dieses Geld vernünftig anlegen und Vater Staat seinen Obolus bekommen hat, bleibt noch einiges übrig. Es lohnt, höchst aktiv zu sein und nicht zu warten, dass sich die Dinge von selbst erledigen.

Du hast die Wahl

Bitte halte diesen Gedanken fest, verinnerliche ihn dir, du hast immer die Wahl. Bevor du in Zukunft wieder, in irgendeiner Form vor einer Entscheidung stehst und dir unsicher bist, sage dir stets, ich habe die Wahl und diese Möglichkeit werde ich nutzen. Ich entscheide, wo es mit mir lang geht, was richtig für mich ist und was nicht. Ich habe die freie und totale Kontrolle darüber. Das macht mich glücklich und zufrieden. Ich bin nicht abhängig von den Umständen. Ich entferne mich aus dem ewigen „Reagieren" müssen. Ich fange ab sofort an zu agieren, das ist eine schönere Ausgangsbasis. Diese nutze ich hundertprozentig für mich. Kein Mensch wird mich jemals hindern, weil ich es nicht will. Dafür ist in meinem Leben kein Platz vorhanden.

Du kannst es unverzüglich ändern

Du musst es nur tun, dazu ja sagen, die volle Größe und Stärke zeigen und weitermachen. Ich bin dankbar dafür, dass es in meinen Händen liegt und ich nicht die Macht jemand anderem abgeben muss. Ich suche nie einen Schuldigen. Das ist völlig unnötig, denn ich bin der Einzige, der es ändern kann oder so lässt. Nur lassen, bedeutet in der Regel eine klare Verschlimmerung, dies sollte man sich tunlichst schenken. Wer die Wahl hat – hat zugleich die berühmte Qual.

Du musst nicht wie ein Huhn leben

Sage dir das bitte fortlaufend. Leider hat man dir über Jahre oder sogar Jahrzehnte versucht, mit allen Mitteln klarzumachen, dass du ein Huhn bist. Hühner leben im Hühnerstall und haben kaum etwas zu erwarten. Vergleichbar mit Indien und dem Kastensystem. Passend sagt man bei uns

„Schuster bleib bei deinen Leisten!"

Was für ein Schwachsinn hier publik gemacht wird. Fatal, wie viele Menschen das glauben. Mir hat man versucht beizubringen

„Wer hoch hinaus will, der tief fällt!"

Natürlich bin ich schon des Öfteren abgestürzt, das ist nicht tragisch. Dafür habe ich Dinge gesehen und erlebt, die andere nie zu Gesicht bekommen werden.

Der Erfolgreiche fängt da an, wo der Erfolglose aufhört
Den Satz haben wir bereits öfters gelesen. Er ist von solch immenser Wichtigkeit, dass ich ihn wiederhole. Wenn du glaubst, jetzt kannst du nicht mehr, mache noch ein wenig weiter, gewöhne es dir an. Eines Tages ist es für dich kein Stress und keine Belastung mehr. Im Gegenteil, es wird zur Selbstverständlichkeit, als ob es noch nie in deinem Leben etwas anderes gegeben hätte. Wenn ich am Wochenende arbeite, ist das für mich keine Qual und Last, sondern Freude pur. Etwas zu bewegen, weiterzumachen, auf dem Weg des Erfolgs entlang zu schreiten. Welch ein Traum, mit unendlicher Erfüllung.

Ich hoffe, dass du für dich den richtigen Weg findest. Wichtig ist, dass du die Arbeit bitte nie mehr als Last und Mühsal siehst. Wenn andere abends oder mittags aufhören, arbeite eine Runde weiter. Wenn du Erfolg haben willst, ist eine 35 – 40 Stunden-Woche lächerlich. Je mehr Stunden du drauf packst, um so besser und interessanter wird es. Leider fehlt in unseren Breitengraden das Verständnis dafür.

Arbeite wesentlich mehr
Ich höre den großen Schrei des Entsetzens, dass man dann überhaupt keine Lebensqualität mehr hat, das ist ein reines Hirngespinst. Oder du musst einfach zufrieden sein, mit dem was du hast. Wenn du sagst, ich bin ein Huhn, lebe wie ein Huhn und bin völlig glücklich mit allem, was ich habe. Leider ist das häufig nicht

der Fall. Das Geklage ist riesig, schrecklich für einem selbst und für die Mitmenschen. Da erzähle ich dir aber nichts Neues. Fange mit kleinen Schritten an, du musst nicht sofort die große Nummer fahren. Gewöhne dir an, jeden Tag eine Stunde länger zu arbeiten. Dann noch eine Stunde etwas Neues dazulernen. Das ist im heutigen Zeitalter von Internet wirklich kein Problem, im Gegenteil, es ist ein Vergnügen. Über den Samstag haben wir bereits gesprochen. Im Laufe der Zeit erhöhst du das Ganze um jeweils eine Stunde. Wenn du aber der Meinung bist, es geht auch ohne, unterliegst du leider einer Täuschung. Frage erfolgreiche Menschen, wie sie überhaupt soweit gekommen sind und wie lange sie im Schnitt arbeiten. Du wirst immer dieselbe Botschaft erhalten.

Da wo schon ist, wird es mehr und umgekehrt
Das finde ich spannend, du kannst diesen Bann durchbrechen, in dem du einige Dinge anders macht, von und mit Erfolgreichen lernst. Alleine wirst du es nicht schaffen, du hast keine Ahnung, kennst es nicht. Das ist der Grund, wieso die meisten ins alte Muster zurückfallen und erstaunt sind, dass sie kein Glück haben. Genau das zeigt sich bei den vielen Geschäftsneugründungen. Da wird voller Begeisterung und Elan ein Geschäft eröffnet, in der Hoffnung, die große Kohle zu verdienen. Für im Schnitt 95%, endet die Geschichte im Chaos. Sie stürzen ab, weil sie die Gesetzmäßigkeiten des Business- und Erfolgs-Lebens nicht kennen.

Denn eines dieser für mich fragwürdigen Existenzgründungs-Seminare zu besuchen, wo man die Leute mit der Gesetzeswut halb totschlägt, hat noch keinem geholfen, Durchhaltevermögen zu zeigen. Über Marketing wird, wenn überhaupt zu wenig gesprochen. So ausgerüstet soll der Neuling in dem Markt auftreten, das Ende ist absehbar. Viel sinnvoller wäre es, jedem einen Erfolgs-Coach an die Hand zu geben, der die Neugründer begleitet, bis sie die kritische Phase überstanden haben. Darüber hinaus mit regelmäßigen, mindestens wöchentlichen Inputs.

Das Leben ist Vielfalt und Fülle
Ich finde es wunderbar, wir dürfen in solch einem großartigen Land leben, mit vielen Möglichkeiten. Ich vergleiche das mit einem riesigen Büffet, mit Spezialitäten aus der ganzen Welt. Anstatt zu probieren, greifen die meisten zu ihrem Schweinebraten, Nudeln, Pommes und Gemüse, vorher eine Markklößchensuppe. Das ist schade, wenn man so vorgeht. Man benötigt Mut, andere Dinge zu probieren und neue Wege zu beschreiten.

Das Pareto-Prinzip
Wilfried Pareto, italienischer Nationalökonom hat es schön beschrieben, mit seiner 20:80-Regel. 20% des Aufwandes der Kunden, bringen 80% des Ertrages. Die restlichen 80% des Aufwandes, bringen 20% des Ertrages. Jetzt kann jeder für sich entscheiden, was sinnvoll ist. Hier gilt es in erster Linie, sich gezielt Gedanken zu machen und einen Überblick zu gewinnen. Wo soll es hingehen und aus welchem Grund? Nicht in den Tag hinein leben, sondern gezielt und strukturiert. Das wichtigste sind die Ergebnisse, welche erzielt werden, alles andere ist sekundär. Gewöhne es dir bei jeder Tätigkeit an und überprüfe es auf die Effizienz, die zugrunde liegt. Wenn es passt, tue es, ansonsten lasse die Finger davon, es gibt keinen Sinn.

Jetzt wird es welche aus dem Hühnerstall geben, die das für unmöglich halten, es noch andere Werte geben würde. Nun denn, lassen wir sie in ihrem Glauben. So lange Vater Staat, für solches Fehlverhalten aufkommt, mag es angehen. Was ist, wenn nicht mehr? Was geschieht dann? Tja, das ist die große Frage. Was ist, wenn der Staat nicht mehr kann, obwohl er zu den Ländern gehört, mit der höchsten Steuerlast? Die Ergebnisse nicht stimmen, von wem holen wir es dann? Von den Reichen und was ist, wenn die alle weg sind und keine Besitztümer haben? Wie geht es dann weiter? Weiß ich nicht, das werden wir sehen. Unglaublich, solch eine Denke, vorsicht, dass du nicht in den Sumpf hinein gerätst.

Du bist der/die Größte

Ich hoffe, du siehst das auch so. Wenn nein, ändere dringend deine Einstellung zu dir. Du bist grandios, hast alles in dir vereint. Dein Problem ist aber, dass du anders lebst. Du hast eine andere Denke und diese, gilt es zu ändern. Habe stets eine hohe Meinung von dir. Wichtig ist, dass du dich anerkennst, ehrst und schätzt. Viele gehen schlecht mich sich um, das ist verheerend und törnt ab. Wenn du keine hohe Meinung von dir hast, wer soll sie dann haben? Wie heißt es in der Bibel

„Liebe dich selbst, wie deinen Nächsten!"

Und von was werden die meisten Menschen getragen? Von Hass, Eifersucht, Neid, Missgunst und manchem anderen, unnötigem Zeug. Merke dir, das tut dir nicht gut und bewirkt genau das Gegenteil.

Gehe deinen Weg

Habe Mut, jeden Tag aufs Neue. Lasse dich von niemandem beirren. Auch hier wiederhole ich mich zum zigsten Male. Weil da die größte Schwachstelle begraben ist. Am besten ist, du gehst in eine Pferdebedarfshandlung und kaufst ein paar Scheuklappen. Diese ziehst du an und dadurch richtet sich dein Fokus, nur noch nach vorne. Du hast keine Ablenkung, genau wie bei Pferden. Diese Tiere sind relativ scheu und Fluchtiere. Sie erschrecken sich schnell und werden völlig kopfscheu. Um dies zu verhindern, bekommen sie Scheuklappen.

Für viele Menschen wäre das auch eine gute Sache. Wie oft haben wir uns von Spezialisten ablenken lassen, die meinten zu wissen, wie es geht. Häufig werde ich von Menschen unter dem Vorwand angesprochen, sie hätten da etwas Tolles. Ich könnte viel Geld verdienen, hätten ein super System entdeckt. Ich müsste mit in ein

Hotel gehen, dort würde ich alles kennenlernen. So etwas Großartiges und Einmaliges, das Schnellreich-System. Das hört sich doch wunderbar an. Auch ich bin auf der Suche, nach solchen Möglichkeiten, wie ich schnell zusätzlich Geld verdienen kann, ohne das lästige Dienen. Ich war bereits des Öfteren, bei solchen Veranstaltungen und musste feststellen, dass es nur durch harte Arbeit funktioniert. Auch wenn einem auf der Bühne etwas anderes suggeriert wird. Bei näherem Betrachten und vor allem, wenn ich mich mit den Besten unterhalten habe, gezielt fragte, kam heraus, dass alle hart arbeiten, seit etlichen Jahren. Es relativ lange gedauert hat, bis es plötzlich lief. Folglich hüte dich vor den Schnellreich-Geschichten. Vergiss es völlig, besinne dich auf dich, deine Fähigkeiten und großartige Eigenschaften.

Gib niemals auf

Nochmals zur Wiederholung, wer aufgibt, hat verloren. Verfolge deine Ziele mit absoluter Klarheit, ohne daran zu zweifeln. Zweifel sind die Verräter, schwächen unnötig und das ist schade, schade um dein Leben. Wichtig ist, dass du das Wort aufgeben völlig aus deinem Vokabular streichst, für alle Zeiten. Du darfst nicht im Geringsten daran denken. Viele clevere Menschen haben sich mit dieser Mentalität alles kaputtgemacht. Das ist traurig und unnötig, dadurch liegen viele unerkannte Genies auf den Friedhöfen, die es versäumt haben, zeitlebens anzufangen. Die lieber ihr Potential und Können mit ins Grab genommen haben.

Hier hinterfrage ich die Erziehungsberechtigten, wieso seid ihr nicht imstande, junge Menschen genau in dieser Disziplin zu schulen? Dafür ist leider kein Raum vorhanden. Was wir damals alles lernen mussten. Super, alles vollkommen lebensgerechte Dinge, die mir zu meinem Erfolg verholfen haben. Darum sind alle von der Schule erfolgreich geworden. Genauso geht es um die Eltern, mit ihrer Vorbildfunktion. Ja, wo bleiben diese? Die Mutter, die oft über alles am Jammern ist. Ein großes Thema, die

Kohle, die hinten und vorne nicht reicht. Dann der Vater, der abends nach Hause kommt, über die Scheißarbeit schimpft und den Idiotenchef. So aufzuwachsen ist natürlich förderlich. Denn die Kinder können es nicht haben, dass die armen Eltern so leiden müssen. So werden bereits in frühester Kindheit, die Weichen gesetzt.

Gehe in die Adlerschule
Es gibt keinen Sinn darüber zu lamentieren, oder womöglich noch Schuldige zu suchen, es ist, wie es ist. Und das ist gut so, akzeptieren wir es und schauen nach vorne. Wir wissen ja eines, wenn wir nichts ändern, wird sich auch nichts ändern. Es liegt ausschließlich an uns. Wenn wir wissen, wo es hingeht, wissen wir auch, was zu tun ist. Jetzt und sofort, ohne Wenn und Aber, keine einzige Sekunde der Verzögerung. Gehe in die Adlerschule, lerne alles, was erforderlich ist. Melde dich zu Schulungen an, wo du hundertprozentig das lernst, was dir fehlt. Wichtig ist bei der Auswahl, dass du ausschließlich dorthin gehst, wo die Lehrer den entsprechenden Erfolg vor- und aufweisen können.

Es gibt keinen Sinn, den immer stärker zunehmenden Ausbildungsstätten einen Besuch abzustatten, die erst seit Kurzem auf dem Markt sind und die große Kohle wittern. Ohne dass sie aus der Praxis kommen und überhaupt irgendeinen Erfolg vorweisen können. Das ist deine Pflicht, dies zu überprüfen. Dann gehört dazu, dass im Lehrstoff unbedingt Management, Marketing, Persönlichkeitsschulung und Motivation enthalten ist. Sonst ist es zu kopflastig und bringt dir nichts. Lasse dir eine kostenlose Probelektion geben. Wir bieten unseren Lehrgangsteilnehmern an, dass sie bis zur Mittagspause, ohne Probleme und irgendeine Rechtfertigung aussteigen können. Das ist fair, denn manchmal merkt man, dass das Thema nicht passt oder die Chemie zum Lehrer nicht stimmt. Warum sollte man sich da unnötig quälen?

Gib Vollgas

Ich vergleiche das mit einem Jet, welcher zum Start klar gemacht wird. Die Maschine wird beladen und rollt zur Startbahn. Die Möglichkeit der Umkehr ist gegeben. Sobald jedoch die Startposition eingenommen und der Speedhebel nach unten gedrückt wurde, gewinnt die Maschine an Tempo. Nun einen Abbruch zu inszenieren, ist äußerst gefährlich. Genauso wenn die Maschine abhebt. Also, heißt es durchziehen und genau das machen die meisten nicht. Vom Vollgas in die Vollbremsung und dann wieder Vollgas. Das ist ungesund und macht mürbe. Das sollte man sich schenken und sich sicher sein, dass wenn man startet, dann auch oben bleibt. Denn ist ein Jet erstmal auf Reiseflughöhe, ist der Widerstand nicht mehr so hoch und man kann spritsparend fliegen. Es ist auch weniger gefährlich, als beim Start und der Landung. Nimm dieses Bild für dich mit und halte dich daran.

Glaube an dich, nicht an das, was die anderen sagen

Hüte dich vor den lieben Mitmenschen, die es gut mit dir meinen. Vor diesen Spezies solltest du dich besonders in acht nehmen. Habe deine Ziele und Strategien, diese verfolge entsprechend. Wenn du auf all die anderen hörst, kommst du nie und nimmer voran. Alle Erfinder dieser Erde wurden zuerst belächelt und dann ausgelacht. Man hat sie nicht für voll genommen. Sie waren jedoch dermaßen von ihren Visionen beseelt und haben sich zum guten Glück von niemandem beirren lassen. Wir würden noch im finsteren Mittelalter leben, hätten diese Leute aufgegeben. Du hast die Wahl, hörst auf die große Masse oder eben auf die Menschen, die etwas bewegen und zum Segen für die Menschheit werden. Werde auch du einer von ihnen. Hier höre ich oft die lapidare Frage „Ja, was soll ich denn machen?" Der Mensch giert meist nach einem Tipp. So simpel ist das Thema nicht, es hat mit dir höchstpersönlich zu tun. Mit deiner Veranlagung und deinen Vorlieben. Jeder Mensch ist wenigstens in irgendeiner Disziplin supergut und diese kann man weiter ausbauen. Finde diese für dich heraus.

Die wenigsten schaffen das alleine, folglich holt man sich professionelle Hilfe. Genauso wie bei vielen anderen Dingen. Siehe Zahnschmerzen = Zahnarzt, Steuerprobleme = Steuerberater, Autoprobleme = Autowerkstatt, Erfolgsprobleme = Erfolgs-Coaching, das ist das Thema.

Ich spüre, dass mehr in mir steckt
Das ist wunderbar, behalte dieses Gefühl in dir. Arbeite daran und du schaffst es. Ich habe das schon immer in mir gespürt. Mein Umfeld hat darüber gelacht, die eigene Mutter meinte „Ach, du warst seit eh und je ein Fantast!" Ja, zum guten Glück und darüber bin ich sehr froh, dass ich mir das habe nie nehmen lassen. Was hat man uns beigebracht, uns endlich zu ändern oder wir unbedingt an unseren Schwächen arbeiten müssen. Wie kann man solch einen Schwachsinn erzählen.

Das bringt man nur fertig, wenn man selbst keine Ahnung hat. Von diesen Ahnungslosen gibt es viele, die herumlaufen. Die glauben zu wissen, wie es geht, aber nichts wissen. Schlimm, ja sehr schlimm sogar, wenn haargenau diese Typen andere beeinflussen. Versuchen klarzumachen, wie gut und clever sie sind und alle anderen blöd. Leider kann ein Kind nicht zwischen der Wahrheit und der Unwahrheit unterscheiden. Später hat es sich tief in unserem Unterbewusstsein eingegraben und festgefressen, dass wir ein Leben lang unsere Probleme damit haben.

Hauen und stechen, als Befriedigung
Nehmen wir das für mich abartige Benotungssystem. Die Pflicht, die oberste Pflicht wäre für alle Erziehungsberechtigten, aus den Kindern großartige Menschen zu schaffen. Die im Leben ihren Mann oder Frau stehen. Die nichts umschmeißt, Power ohne Ende haben, unendlich Spaß und Freude an ihrem Leben. Was wird meistens erreicht? Da brauchen wir nur etliche Kinder anzuschauen. Völlig gestresst und abgedröhnt, dass was noch vorhan-

den ist, wird zubetoniert. Jegliche Fähigkeit total im Keime erstickt. Die Kinder bloßgestellt und die Eltern führen das gerade so weiter. Nehmen wir als Beispiel ein Diktat, dieses besteht aus 200 Wörtern.

Das Kind hat 196 Wörter richtig geschrieben und vier falsch. Was steht unter dem Diktat? Na klar, oft noch in Rot, damit es sich einprägt „vier Fehler!" Klasse, und was ist mit den 196 richtigen Wörtern? Das interessiert in dem Moment keinen. Wichtig ist nur, dass vier Fehler gefunden wurden. Das Kind marschiert nach Hause und dort warten die ach so lieben Eltern. „Wie viele Fehler hast du dieses Mal wieder gemacht?" Kennen Sie solche Fragen? Hundertprozentig! Sehr motivierend und aufbauend für das Kind. „Leider vier Fehler!" „Ach, nicht schon wieder, wann lernst du es endlich? Wann kapierst du es? Du bist einfach zu blöd und zu dumm? Du wirst es nie begreifen, warte nur, bis der Papa nach Hause kommt!"

Wenn ich das auf den Seminaren erwähne, behaupten fast alle Eltern, dass es bei ihnen anders ist. Um kurze Zeit später, doch feststellen zu müssen, dass dem nicht so ist. Abends kommt der Papa nach Hause und es geht von vorne los. Das arme Kind wird wieder mit der Nase auf die Fehler gestupst. Was wird sich einprägen, na klar die Fehler. Dass wir 196 richtige Wörter haben, interessiert niemanden. Womöglich wird die Geschichte noch von den Großeltern oder sonstigen Verwandten wiederholt. Nun, das Schulsystem wirst du nicht ändern können. Jedoch deine Einstellung und das solltest du unbedingt tun. Lobe dein Kind für die 196 richtigen Wörter. Sage ihm, wie stolz du bist, dass es fast alle richtig hat. Das wird dein Kind motivieren und ihm Mut geben. Demoralisation ist das Schlimmste, was du praktizieren kannst.

Arbeite an deinen Stärken
Vergiss bitte, was man dir über viele Jahre oder womöglich sogar

Jahrzehnte beigebracht hat. Vergiss deine Schwächen, arbeite an deinen Stärken. Dadurch kommst du viel weiter und wirst Erfolg haben. Lass es uns gemeinsam anschauen.

Du hast eine Schwäche

$$\begin{array}{lr} & -1 \\ \text{Du kümmerst dich darum} & \underline{+1} \\ \text{Was ist das Ergebnis} & \underline{0} \end{array}$$

Du hast eine Stärke

$$\begin{array}{lr} & +1 \\ \text{Du kümmerst dich darum} & \underline{+1} \\ \text{Was ist das Ergebnis} & \underline{+2} \end{array}$$

Was erkennst du? Wenn du dich intensiv um deine Schwächen kümmerst, erreichst du eine Null = nichts. Nichts ist nichts und das gibt keinen Sinn. Wenn du jedoch eine starke Stelle hast und diese weiter förderst, engagierst dich genauso mit gesamten Einsatz und hast ein total anderes Resultat. Du hast bereits eine Zwei und bist dadurch viel besser, als andere. Wenn dich das Thema interessiert, kann ich dir empfehlen, das Buch „Kümmere dich nie mehr um deine Schwächen" zu kaufen. Da geht es intensiv um das Thema. Es lohnt sich, denn genau davon hängt dein Erfolg ab. Strebe danach, der Beste in deiner Disziplin zu sein.

Du bist ein Adler

Du bist als Adler geboren, das sollte dir bewusst sein. Jeder Mensch ist als Adler geboren. Du bist ein Gewinner und Sieger. Ich wiederhole mich, es ist egal, was man dir erzählt und beigebracht hat. Was zählt bist du, mit dem was du von dir glaubst. Ich kann in diesem Falle nur hoffen, dass du das glaubst, was du hier lesen tust. Sei ungläubig, dann bist du wie ich. Ich glaube wenig, gebe mir dennoch permanent die Chance, meine eigenen Erfahrungen zu sammeln. Darüber nachzudenken, zu reflektieren, und erst danach eine Entscheidung zu treffen.

Du bist ein Gewinner

Du bist ein Gewinner und das warst du schon immer. Bei deiner Zeugung hast du bereits bewiesen, was alles in dir steckt. Wie viel Power, Energie und vor allem wie zielstrebig du sein kannst. Sehr bewundernswert, was du in deinem Leben bereits geleistet hast. Du bist eine Besonderheit und einzigartig, unter den über sieben Milliarden Menschen, auf dieser Erde. Halte dir das stets vor Augen und sei unendlich stolz.

Du bist immer noch ein Gewinner

Dein Siegeszug geht weiter, du wolltest reden und hast es nicht fertig gebracht. Folglich hast du geschrien, immer wieder. Du hast es permanent versucht, bis die ersten kleinen Wörter aus deinem Mund kamen, sehr zur Verzückung deiner Liebsten. Erinnerst du dich noch an deine ersten Gehversuche? Wie war es damals? Hast du auch zu denen gehört, die aufgestanden sind und unverzüglich laufen konnten? Oder musstest du üben? Wenn du es nicht mehr weißt, frage die Menschen, die dich von damals kennen. Bei mir war es so, ich wollte laufen und bin oft hingefallen. Ich habe aber nicht aufgegeben, bin aufgestanden und wieder hingefallen. Tausende von Male und es hat mir manchmal sehr weh getan. Ich kam jedoch nie auf Idee, deswegen aufzugeben. Ich wollte laufen und es war mir klar, irgendwann habe ich es im Griff. Bei dir war das genauso. Du hast unheimlich viel Energie aufgewendet, um diese Hürde zu nehmen. Stell dir einmal vor, viele von uns hätten aufgegeben. Oh je, oh je, da würden die meisten von uns auf dem Boden herumkriechen. So ging es in deinem Leben weiter. Du bist mehrere Jahre zur Schule gelaufen, ob du Freude und Spaß daran hattest oder nicht. Dank der Schulpflicht musstest du es tun.

Wie viele kleine Buchstaben hast du geschrieben, bevor sich endlich ein zusammenhängendes Wort daraus ergab. Genauso war es auch mit Rechnen. In was für einem desolaten Zustand wir uns doch befanden, nichts konnten und wussten wir. Haben nie aufgegeben, mit dem Resultat, dass wir mittlerweile Lesen, Schreiben und Rechnen können. Mehr oder weniger, denn es klappt leider nicht überall. Dann bist du womöglich in die Lehre gegangen oder hast ein Studium absolviert. Auch dort hast du viel Durchhaltevermögen an den Tag gelegt. Und was ist heute mit dir los?

Du hast alles in dir
Ja, du hast alles in dir, was du benötigst, um eine großartige Meisterleistung an den Tag zu legen. Du bist reich beschenkt worden, mit vielen Eigenschaften. Sei dankbar und nutze sie jeden Tag. Verbringe dein Leben nicht mit Jammern und Klagen, sondern mit Handeln. Setze all deine Fähigkeiten ein und mache daraus eine Meisterleistung. KvP sollte zu deiner Devise werden. Kontinuierlicher Verbesserungs-Prozess, als wichtigste Grundbasis um voranzukommen. Überprüfe deshalb täglich deinen Fortschritt. Das, was schlecht war, lerne daraus und mache am nächsten Tag ein gut. Dass was gut war, daraus machst du ein sehr gut, was sehr gut war, daraus machst du ein Overstanding. Aus einem Overstanding, das hältst du, damit es nicht ein Zufallssprodukt war. Rein zufällig warst du gerade gut, studiere die Abläufe und die

Erfolgssystematik. Da sind wir bereits bei dem Prinzip, dass man nie etwas dem Zufall überlässt, sondern stets genau weiß, wieso manches funktioniert und anderes wiederum nicht.

Du hast die freie Entscheidung
Sicherlich haben wir das auch schon oft gehört. Genauso wie es die Spezialisten draußen tun, mit ihrer permanenten Wiederholung von so manchem Müll, tun wir dies auch. Nur im völlig positiven Sinne. Es bringt uns dadurch weiter, weil es uns die Augen öffnet, für das was letztlich wirklich wichtig ist und alles andere wird weggelassen. Trainiere dich darauf, dass du frei wählen kannst, jetzt und zu jeder Zeit. Du hast die Auswahl, sofern du sie siehst. Solange wir jedoch ausschließlich am Boden rumgackern und den Kopf gesenkt haben, sehen wir natürlich die Schönheit der Natur, mit all ihren vielen und unzähligen Möglichkeiten nicht. Ich bin sehr glücklich und froh, in Ländern leben zu dürfen, wo diese Freiheit möglich ist, das ist von unschätzbarem Wert.

Ein Adler hat die freie Wahl
Ein Adler hat und nimmt sich die Auswahl. Er hat von hoch oben einen großartigen Überblick und schaut genauestens nach unten, eventuell auf Beute. Wenn er etwas sieht, überlegt er es sich, ob es einen Sinn macht, hinabzustürzen oder ob es nicht besser ist zu warten, bis sich etwas Größeres anbietet. Ein Huhn hingegen hat nur seine Körner. Wenn es Glück hat, im Freien ein wenig herumlaufen zu dürfen, kommen noch Würmer hinzu. Da bin ich wirklich lieber ein Adler, mit all seinen Fähigkeiten und Möglichkeiten. Stolz darauf, so sein zu dürfen. Genau da musst du hinkommen. Es fängt immer mit der Einstellung an. Du musst einfach als Erstes deine Einstellung ändern und los geht es.

Ein Adler ist stolz
Als Herr der Lüfte kann man stolz sein und dies ohne Arroganz oder Eingebildetheit, das sind springende Punkte. Viele meinen

mit Überheblichkeit, gut durchs Leben zu kommen. Das ist natürlich Schwäche hoch zwei und tragisch, wenn man das nötig hat. Menschen, die richtig Erfolg haben, sind natürlich geblieben. Sie haben es nicht nötig, verschroben durch die Welt zu gehen. Es sind die anderen, die sich das anmaßen und glauben, dass es richtig ist. Abstoßend ist das, sogar sehr abstoßend und jeglicher Liebreiz, der von jedem Menschen ausgeht, wird völlig vergraben.

Spüre in dir einen unendlich tiefen Stolz und Dankbarkeit, für all das was du getan hast. Mögen es jetzt große Dinge gewesen sein oder nicht, das spielt keine Rolle. Genauso für all das, was du ab heute tun wirst. Schaffe bleibende Werte, über deinen Tod hinaus, das ist eine wichtige Botschaft. Bei vielen Menschen ist es folgendermaßen, wenn diese sterben, sind sie tot und das war es dann. Schaffst du dir hingegen ein großes Lebenswerk, geht es über dein Ableben hinaus. Eine wunderschöne Aufgabe, daran zu arbeiten. Sei dir deiner bewusst und spüre mit jeder Faser deines Körpers, wie viel Potential hier vorhanden ist.

Ein Adler ist sich seiner bewusst
Wer du bist, was du kannst, woher du kommst und wohin du gehst. Schreibe alle deine bewusst wahrgenommen, positiven Parameter auf.

1.) _____

2.) _____

3.) _____

4.) _____

5.) _____

6.) _____

7.) _____

8.) _____

9.) _____

10.) _____

Wie fühlt es sich an, war dir das alles bewusst? Ich merke häufig, bei Schulungen und Erfolgs-Coachings, wenn wir in die Schriftlichkeit gehen, wird einem mehr bewusst, man nimmt sich selbst wahr. Im Wort wahr liegt die Wahrheit. Wir sind wahr geworden und werden uns gewahr. Dies ist ein wichtiger Prozess, denn wer nicht weiß, wie er genau tickt, wird nie im Leben vorankommen. Der wird oder ist meistens der Spielball der anderen. Aus diesem Grunde werde Herr über dich und gib dieses Zepter niemals aus der Hand. Bleibe stets bei dir, mit all deinen Fähigkeiten. Das Leben ist reich an Möglichkeiten, es gilt diese zu leben.

Dein Fazit: _____

Ein Adler klagt nie

Dies ist der nächste, zu beachtende Aspekt. Klagen streichst du völlig aus deinem Programm, es ist für dich inexistent. Ein wichtiger Punkt, denn wenn du klagst, konzentrierst du dich auf den Mangel. Mangel ist die schlechteste Ausgangsbasis, die man überhaupt wählen kann. Das tut dir nicht gut, im Gegenteil es schadet dir sogar. Das Leben ist Fülle und Überfluss, wenn man es zulässt. Es kann aber auch genau das Gegenteil bedeuten, wenn man lieber auf Armut geht. Freie Wahl, womit man sich abgeben will. Wenn du in der Armut lebst, heißt das noch lange nicht, dass es für dich so bleiben muss. Es hat mit deiner Einstellung zum Leben zu tun. Wenn du willst, hundertprozentig willst, mache dich Schritt für Schritt auf den Weg und du wirst es packen. Folglich gibt es keinen Grund zu klagen. Wenn du das tust, machst du dich unnötig klein, das verkörperst du nach außen. Deine Mitmenschen werden das, ohne zu filtern, total übernehmen und dir reflektieren. Dadurch schließt sich der Kreis und du kannst mit gutem Gewissen sagen, dass du klein bist und dich das auch die anderen spüren lassen. Merkst du was, ein grausames Dilemma.

Einem Adler steht alles offen
Da sind wir im Bereich, der ein Traum ist. Ein wunderbarer und großartiger Traum, wenn einem alles offen steht. Ein Adler kann hinfliegen, wo er will und kein anderes Tier wird im gefährlich. Je größer und stärker du wirst, desto unverwundbarer. Ein Huhn hingegen hat entweder den Stall oder den Käfig, wo es eingesperrt ist. Vielleicht noch ein wenig freies Gelände. Nicht gerade besonders erbauend zu wissen, dass man ein Leben lang eingesperrt ist. Keine schöne Perspektive, eher erschreckend und traurig.

So geht es vielen Menschen, sie sind in ihr tägliches Leben eingesperrt. Haben sich mit der Arbeit verkettet, die ihnen kein Spaß bereitet. Oft mit einem Partner, der nicht das Wahre ist. Um im Alter endgültig in ein großes Dilemma, im Sog der Krankheiten, Altersarmut und Einsamkeit abzustürzen. Passe vorher bitte auf, dass du hier nie hingelangst. Als Adler hingegen kannst du überall hingehen. Du fühlst dich völlig frei und weißt, dass die Auswahl riesig ist. Du nur wählen musst, um eine Änderung herbeizuführen. Das gibt dir ein schönes Gefühl der Großartigkeit.

Ein Huhn legt nur ein Ei

Schauen wir uns die Produktivität eines Huhnes an. Mehr als ein Ei pro Tag liegt nicht drin. Außer, wenn man aus einem Tag zwei Tage macht, wie es auch schon praktiziert wurde. Das ist in einem Stall kein Problem, dann erhält man zwei Eier. Lohnt sich dafür der gesamte Aufwand? Erschreckend wenig oder? Genau so geht es vielen Menschen. Sie schaffen den ganzen Tag und das Endergebnis ist ein Ei. Hier gilt es darüber nachzudenken, ob es nicht sinnvoller ist, ein paar Dinge zu ändern. Den Hebel neu anzusetzen, um eine höhere Produktivität zu erreichen, viel Arbeit für fast nichts. Das passiert dann, wenn man vorher nicht überlegt, was alles in einem steckt, sich die Zeit für sich selbst nimmt.

Wie viel Potential jeder Mensch sein eigen nennen darf und kann, es sich lohnt, hier anzusetzen. Mann/Frau nie mehr glaubt, was bisher war und die anderen Mitmenschen versucht haben, einem beizubringen. Frage ist, wie siehst du dich? Da nützt es nichts, wenn du erzählst, dass du zu Höherem geboren bist und nichts dafür tust. Wenn du dich weiterhin als Huhn durch die Welt bewegst, wirst du ein Huhn bleiben, welches den Tag über von früh bis spät gackernd, durch die Gegend läuft. Am Ende des Tages dann so viel Ertrag erzielst, nämlich ein Ei, du hast die freie Wahl. Bitte benutze diese den Vorgaben, die du dir stellst. Komme zu einer Entscheidung und lebe hundertprozentig danach.

In welchen Bereichen fühlst du dich als Huhn
Es gibt etliche Bereiche in deinem Leben. Wo kommst du dir als Huhn vor? Von früh bis spät unterwegs, abends müde oder sogar kaputt und der Ertrag minimal. Schreibe alle Punkte auf und wieso. Du wirst nur dann ein Adler sein und werden, wenn du den gesamten Hühnermist endgültig über Bord geworfen hast. Du

kannst und darfst nie zwischen Huhn und Adler hin und herpendeln. Es gibt manche die das tun, andere die meinen, das geht nicht. Das Ende vom Lied ist Chaos pur, weil das nicht funktioniert. Das haut nicht hin, entweder bist du hundertprozentig ein Adler oder du bist halbschwanger, ein bisschen Adler und Huhn. Mit dem klaren Ergebnis, dass du ein Huhn bleibst. Viele Menschen versuchen es ab und zu, einmal ein Adler zu sein. Das kannst du aber nicht versuchen, das klappt so nicht. Das musst du voll und ganz sein und leben. Ein unendliches Durchhaltevermögen an den Tag legen, hundertprozentig dazu stehen. Darum ist es wichtig, dass du sofort alle Punkte notierst.

Wo bist du ein Huhn?	**Wieso glaubst du das?**
1.) _____	_____
2.) _____	_____
3.) _____	_____
4.) _____	_____
5.) _____	_____
6.) _____	_____
7.) _____	_____
8.) _____	_____
9.) _____	_____
10.) _____	_____

Was denkst du jetzt? Kannst du erkennen, wie fatal es ist? Wenn nein, überlege was dein Verhalten verursacht. Was daraus entsteht und wie schlecht das für dein gesamtes Leben ist. Viele sind sich dessen überhaupt nicht bewusst. Sie selbst Tag für Tag all die Dinge neu inszenieren und sich damit am meisten Schaden zufügen. Woher sollen sie es auch wissen, es wurde ihnen leider nicht beigebracht.

Dein Fazit: _____

Just do it

Tue es, arbeite nach der KISS-Methode, diese hilft dir auf simple Art und Weise. Die meisten machen alles unheimlich kompliziert. Nun denn, so sind wir in der Regel erzogen worden. Je komplizierter, desto lieber und besser, heißt häufig die Devise. Es macht die Menschen nur noch mehr durcheinander und das Ergebnis haben wir täglich vor unseren Augen. Die Kluft zwischen arm und reich wird zusehends größer. Weil man versäumt, den Menschen zu zeigen, wie wichtig ihr Verhalten und die Einstellung zum Leben ist. Da nützen die gesamten Förder- und Hilfsprogramme, die gefahren werden, auch das Arbeitslosengeld nicht viel. Leider ist das Kind bereits in den Brunnen gefallen. Hier gilt es früher, das heißt, bereits im Kindergarten anzufangen. Eltern benötigen auch ein entsprechendes Training, damit sie ihre Kinder fit fürs Leben machen können.

Komisch, in Deutschland braucht es für fast alles eine Genehmigung oder irgendeinen Nachweis, dass man etwas kann. Um Kinder zu bekommen, benötigt es nichts. Ebenso gehört in frühester Kindheit beigebracht „Hey, tue was, bewege dich und der Erfolg sei dir gewiss!" Das müssen die Kleinsten der Kleinen schon begreifen, dass hier ein direkter Zusammenhang besteht. Wenn im System keine Änderung herbeigeführt wird, entsteht noch eine größere Kluft. Aber die Damen und Herren, die etwas ändern könnten, werden es nicht tun. Weil es unbequem ist, alte, jahrzehntelange Strukturen zu verändern. Da bleibt man lieber auf seinem Posten kleben, zeigt eine gewisse Betriebsamkeit nach außen und lässt alles beim Alten, das ist tausendmal bequemer.

Die KISS-Methode
Die eleganteste und schnellste Methode, ist die millionenfach bewährte KISS-Methode. Was heißt KISS?

K eep
i t
s imple
s straightforward

Gewöhne dir an, alles simpel zu gestalten. Es ist doch völlig egal, was die anderen dir beigebracht haben, das zählt nicht. Wichtig ist, was du glaubst, siehst und was daraus entsteht. Mache eine große Meisterleistung, du bist in jeder Hinsicht gefragt. Das Leben ist so grandios, und wenn du die Natur anschaust, ist das nicht kompliziert. Es sind Muster, die permanent ablaufen. Wir müssen für uns das Leben nicht nur entschleunigen, wie das heute Mode ist, sondern entwirren und simpel gestalten.

Der Schlachtruf, jetzt geht es los

Genau das musst du in dir spüren, die Aufbruchstimmung und ab geht es nach vorne. Denke an den Jet, der gerade am Starten ist, Schubhebel nach unten gedrückt und ab die Post. Keiner kann dich aufhalten, außer du dich. Weiter, weiter, weiter ist die Devise. „Learning by doing!" Das finde ich wunderbar, jeden Tag lernen zu dürfen, direkt aus dem Leben heraus. Das ist für mich ein Traum. Ich darf lernen, welch ein Geschenk. Ich darf mich freiwillig jeden Tag verändern und neu positionieren. Ich darf wachsen und groß werden. Ich darf viel Erfolg haben, darf alles, außer gegen geltendes Recht und Gesetz zu verstoßen. Merkst du überhaupt, in welch paradiesischen Zuständen wir leben. Wunderbar und großartig, in welcher Zeitepoche wir uns befinden. Ich möchte es keine einzige Minute missen.

Jetzt erst recht

Ja natürlich, was sonst, mich kann keiner aufhalten, niemals. Das sind keine frommen Sprüchlein, sondern das ist deine Tatsache, sofern du sie so willst und bereit bist, dich zu engagieren. Arbeite daran, dass du dieses Gefühl vermehrt in dir spürst. Ich hatte diesen Kick damals schon in der Schule, als ein Lehrer permanent meinte „Crameri, aus dir wird nie etwas!" Ich fand es erheiternd, woher wollte dieser Typ das wissen? Ich hatte ein klares Bild vor Augen, was ich wollte, das hat er gespürt und wurde dadurch noch wilder. Das konnte er nicht leiden, dass jemand da sitzt und bei diesen ernsten Worten grinst. Lächerlich, welches Bild er geboten hat.

Einfach lächerlich und genau so solltest du diese Schwachsinns-Aussagen sehen. Dein Bild, welches du von dir hast, ist das entscheidende. Nicht das, was irgendwelche Typen von dir haben. Übernehme bitte nicht deren Muster. Eltern sind hierin auch wahre Meister. Wenn ich an meine geliebte Mutter denke, die es nicht verstehen kann, dass ein Geschäftsmann keinen Anzug trägt. Mit langen Haaren und Hemd aus der Hose, eine riesen Katastrophe. Das hat aber nichts mit mir zu tun. Sie versuchte es, über viele Jahre Einfluss zu nehmen. Nach dem Motto „Irgendwann habe ich ihn soweit, dass er anders herumläuft, wie man das als Geschäftsmann tun muss!" Merkst du was, eine völlig lächerliche Nummer. Ein Adler lässt sich nirgendwo schubladisieren, nur weil gerade der eine oder andere meint, dass es sein muss. Habe dein eigenes Bild von dir und lebe vollends danach, skizziere dein Bild. Wieso siehst du die einzelnen Punkte so?

Wie siehst du dich? **Wieso siehst du dich so?**

1.) _____ _____

2.) _____ _____

3.) _____ _____

4.) _____ _____

5.) _____ _____

6.) _____ _____

7.) _____ _____

8.) _____ _____

9.) _____ _____

10.) _____ _____

Wenn du das Geschriebene anschaust, was siehst du? Das Bild eines Adlers oder eines Huhnes? Sowohl als auch ist schlecht, ändere es dahin gehend, zu dem du dich am meisten hingezogen fühlst. Das ist für dich von Relevanz. Alles andere ist völlig uninteressant und hat keine Bedeutung. Komme zu einer klaren Entscheidung, werde ich weiterhin als Huhn leben oder als Adler? Genauso die Position, welche viele einnehmen, viel Huhn und ein wenig Adler, das tut nicht gut.

Dein Fazit: _____

Ich weiß nicht wie

Das haben wir bereits gehabt. Nicht zu wissen wie, das kann man ändern. Darum tue genau das, was Erfolgreiche machen, kaufe dir das Wissen ein. Auch wenn du es bisher noch nicht getan hast. Das spielt keine Rolle, mache es ab sofort. Blicke nach vorne und es passt. Niemals zurück, wie es war, das interessiert nicht mehr. Du nimmst das Wichtigste mit und dann volle Konzentration auf deine neue Zukunft. Denn darin liegt der Segen und bestimmt nicht in der Vergangenheit.

Ich habe mir alles anders vorgestellt

Welch ein Gegackere, kennst du diese Aussage? Hundertprozentig, da hat eine Mutti Kinder und sagt solch einen Unsinn. Man fährt in Urlaub und sagt das. Man spricht dermaßen über seinen Partner, sein Leben, über alles, was das Leben betrifft. Ich finde das fatal, solche Aussagen. Das zeigt auf, dass du dir keine klaren Gedanken gemacht hast. Du dich nicht bemühst, vorher genauestens zu analysieren, was du willst und was nicht. So springst du ins kalte Wasser und merkst, dass es ungemütlich ist. Dabei hättest du es dir vorher überlegen können. Krass finde ich, dies in der Partnerschaft. Da versucht man mit allen Mitteln den Partner umzuformen, zu verbiegen, fatal und krankhaft. Erstens, weil man das nicht tut und zweitens, weil der Schuss nach hinten losgeht. Siehe hierzu mein Buch „Lasse den anderen, so wie er ist!"

Keiner zwingt dich dazu
Aber die meisten Menschen fühlen sich von vielen Dingen in die Enge gedrängt. Genau davon gilt es endlich wegzukommen. Befreie dich von all den Dingen, die dich peinigen. Oft sind es einmal getätigte Aussagen. Die aber ein Leben lang ihre Wirkung haben, weil wir der Sache einen zu großen Stellenwert eingeräumt haben. Das ist nicht gut für uns und schadet dermaßen. Folglich Befreiung in jede Richtung. Nur dann kannst du dich vollends ausleben und es dir gut gehen lassen.

Krampf oder Leichtigkeit
Auch da kannst du frei wählen. Ob dein Leben ein Krampf werden soll oder ist. Alternativ, die Leichtigkeit des Seins. Alles ist möglich und hängt von dir ab, du hast es in deiner Hand. Spüre

das, merke es dir, brenne es auf deine innere Festplatte, lasse es nie mehr los. Ich bin für die selbst bestimmte Leichtigkeit des Seins. Denn dadurch gehen die Dinge leichter von der Hand. Es wird mehr bewegt und das Wichtigste, wir sind glücklich dabei, dies ist durch nichts zu ersetzen.

Lasse dich von niemandem beirren
Was bedeutet das Wort beirren? Was ist darin enthalten? Irren und hier geht es in der Tat um die Irren, die versuchen dich von deinem Pfad abzubringen. Die glauben zu wissen, was für dich gut ist. Da gilt es in erster Linie, besonders bei den Leuten aus den eigenen Reihen aufzupassen. Eltern sind da vor allem gnadenlos. Wenn ich an meine denke, die enttäuscht von mir sind, weil sie sich eben in mir getäuscht haben. Ich nicht ihren gewünschten Weg eingeschlagen habe. Meine Eltern hatten sich für mich Briefträger oder Zugschaffner vorgestellt. Beides äußerst seriöse Berufe, mit einem gesicherten Einkommen. Eines Tages noch die entsprechende Altersversorgung.

Aber ich hatte von mir total andere Vorstellungen. Das haben meine lieben Eltern, leider bis zum heutigen Tage nicht begriffen und werden es zeitlebens nie verstehen. Das ist egal, denn es ist mein Leben, auch dir sollte es egal sein. Es ist nicht mehr deine Aufgabe, deinen Eltern durch dein von ihnen gewünschtes Verhalten zu gefallen. Auf diese paar lobenden Worte, die du vielleicht gnädigerweise erntest, kannst du locker verzichten. Diese sind eh manipulativer Art. Genauso ist es oft der eigene Partner, der hier unterwegs ist und versucht dich wieder in eine bestimmte Richtung zu drücken. Wie oft habe ich schon gehört und hier vor allem von Frauen „Das bekomme ich schon hin. So kann es nicht gehen, das dulde ich nicht!" Und weitere oberkluge Sprüche. Wenn eine Frauengruppe zusammen ist, wird es noch lustiger. Da heißt es sehr schnell „Den Männern müssen wir es zeigen," lächerlich, solch eine Parade. Das Schöne dabei ist stets, der Schuss geht nach hinten los. Ohne jetzt hier Schadenfreude zu hegen. Das, was man anderen antut, kommt auf einem zurück.

Mache dich unabhängig

Sorge dafür, dass du in geistiger Unabhängigkeit leben kannst. Alles was dich belastet, quält und einengt, überprüfe es nochmals auf seine Richtigkeit. Du sollst und darfst dich nie mehr quälen. Dafür hast du dein Leben nicht geschenkt bekommen. Dein Leben hast du, um es in völliger Freiheit und Größe zu leben. Mit allem, was erforderlich und vorhanden ist. So heißt es schlicht und einfach, nutze endlich all deine Fähigkeiten, die du geschenkt bekommen hast, damit kannst du Gigantisches bewirken.

Die Erfolgsformel

Erfolg verlangt bestimmte Dinge, in der richtigen Reihenfolge und mit absoluter Konsequenz. So kommt man ans Ziel und kann sich glücklich schätzen, es erreicht zu haben. Das bedeutet jedoch genau zu wissen, was man will und eine Planung. Wir werden das gemeinsam anschauen. Wenn du Näheres darüber wissen möchtest, kaufe das Buch „Die Erfolgsformel zu schnellerem und sicherem Erfolg!" Hier findest du ein komplettes Buch über alle wichtigen Bestandteile. Alleine der Weg dorthin ist mit Stolpersteinen gespickt. Wenn man angelangt ist, gilt es den Erfolg zu halten. Das ist die nächste große Aufgabe, an der die meisten scheitern, weil sie nicht richtig darauf vorbereitet sind.

Mein Traum wäre

So geht es meistens los, ich hätte da einen Traum. Na wunderbar, das ist doch toll und super. Nur einen Traum zu haben und nichts daraus zu machen, macht unendlich traurig. Träume, die sich nie verwirklichen, machen häufig krank, also kümmere dich darum. Arbeite intensiv daran, dass du deine Träume festhältst, jeden Tag aufs Neue. Träume müssen klar, konkret, messbar und unmissverständlich sein, sonst kann man diese nicht planen. Ohne Planung keine Chance, auf dauerhaften Erfolg. Dann sind es eher einmal Zufallstreffer, die schnell verpuffen.

Schreibe deine Lebensvision nieder

Das werden wir sofort tun. Es gibt Träume und Visionen, dann gibt es die große und alles überragende Lebensvision. Es ist das Größte und Stärkste, was man sich vorstellen kann. Es übertrifft alles andere, gibt Energie und Inspiration. Es ist natürlich optimal, wenn du deine Lebensvision findest. Wofür stehst du, was ist deine Berufung? Womit geht es dir gut? Was geht dir leicht von der Hand? Wo bist du ein wahrer Meister? Wo gelangst du in Flow, in die Leichtigkeit des Seins, wo du Zeit und Raum vergisst? Was ist das, was dich glücklich macht? Finde es heraus, denn es ist dein Leben, das Kostbarste, was du hast. Schreibe zehn deiner Träume und Wünsche auf. Vielleicht kennst du deine Lebensvision bereits oder findest sie dadurch.

1.) _____

2.) _____

3.) _____

4.) _____

5.) _____

6.) _____

7.) _____

8.) _____

9.) _____

10.) _____

Was hast du für ein Feeling? Schlägt dein Herz höher? Hast du feuchte Hände bekommen, oder lässt dich das unberührt? Wenn es dich unberührt lässt, musst du nochmals darüber gehen. Vielen Menschen sind ihre Träume und Visionen vergangen. Sie hatten einmal welche, wie alle Menschen. Dann gab es die ersten Schwierigkeiten, manchmal auch Rückschläge und schon stürzten sich die Geier, welche die ganze Zeit am Himmel kreisten, auf dich.

Mit riesigem Gekreische „Siehst du, wer nicht hören will, muss fühlen. Ich habe es dir gleich gesagt! Das hast du jetzt davon, ist die Folge, wenn man glaubt, etwas Besseres zu sein. Du bist selbst schuld, das geschieht dir recht, du hast es nicht anders verdient. Hoffentlich hast du für die Zukunft daraus gelernt." So zugetextet und durch den Absturz leicht wund, fangen wir an, den Schwachsinn zu glauben, entschließen uns, es zu lassen. Denn das brauchen wir nicht noch einmal. Traurig, sehr traurig sogar. Dabei weiß jeder Erfolgreiche, dass Rückschläge dazugehören. Kraft geben, daraus zu lernen und sich noch intensiver zu verfeinern.

Dein Fazit: _____

Deine Lebensvision daraus

Überprüfe nochmals, was du aufgeschrieben hast. Ist das konkret, absolut konkret, klar, messbar und unmissverständlich? Meistens gelingt es einem nicht auf Anhieb, weil wir es nicht gewohnt sind, uns auszudrücken. Es hat sich tief in uns eingeprägt, dass wir uns am liebsten nicht festlegen. Dadurch machen wir auch keinen Fehler, das glauben wir zumindest. Nur alleine dadurch, dass wir permanent im Wachsweichen bleiben, machen wir den allergrößten Fehler. Wenn du deine zehn Punkte anschaust, ist darunter deine große Lebensvision? Findest du diese?

Dein Fazit: _____

Wie fühlt sich das jetzt für dich an? Beschäftige dich die nächsten Tage und Wochen damit. Genauso, wenn du dich nicht gefunden hast. Arbeite daran und du wirst diese finden. Es muss dich beseelen, dass es dich fesselt und nicht mehr loslässt. Dann, ja erst dann bist du auf dem richtigen Weg.

Dein Fazit: _____

Konditioniere dich auf Erfolg
Dein gesamter Fokus muss auf Erfolg ausgerichtet sein. Etwas anderes darf keinen Platz mehr in deinem Leben finden. Nie und nimmer, verschließe die Tür und mache sie auf keinen Fall auf. Auch wenn dir alle anderen sagen, Erfolg ist nicht alles und du wärst komisch geworden. Dann weißt du, dass du auf dem richtigen Weg bist. Kein Erfolgreicher würde jemals solch einen Blödsinn von sich geben, das sind nur die Erfolglosen. Falls du wieder einmal hängen solltest, denke an Michael Schuhmacher. Er wäre nie und nimmer in seinem Leben so weit nach vorne gekommen, wenn er nicht genau das getan hätte. Also packst du es mit der richtigen Konditionierung auch.

Danach folgt die Planung und das „Machen und Tun"
Nachdem du endlich weißt, was du willst und was nicht, gehst du sofort in die Planung. Halte dich nicht ewig auf, sonst steigen Zweifel und Ängste auf, das wäre schade für dich, denn du bist sehr gut und genial. Eines ist zu beachten, fange innerhalb von 0 Stunden an. Von dem ersten Gedanken, bis hin zu ersten Tat, sonst kannst du es vergessen.

Kontrolle, Kontrolle, Kontrolle
Gib Vollgas und kontrolliere fortlaufend deine Fortschritte. Überlasse nie mehr etwas dem Zufallsprinzip. Das bekommt dir nicht, du weißt dann auch nicht, warum es so gekommen ist. Du hast die Wahl, dich zum selbstständigen Menschen zu mutieren oder zum selbstständigen Unterlasser. Davon gibt es leider viel zu viele, vom Unterlassen entsteht aber nichts.

Weißt du, wie man Erfolg schreibt

Kannst du Erfolg buchstabieren? Natürlich kannst du das und dennoch ist es nicht hundertprozentig richtig. Erfolg buchstabiert sich TUN! Wie viele möchten gerne Erfolg haben und bekommen nichts gebacken. Sie trödeln herum, träumen und hoffen auf den Augenblick, wo es endlich losgeht. Aber von selbst geht nie etwas los, das ist reine Utopie.

Wer kann mit dir trainieren

Das ist eine weitere Frage, die du dir stellen musst. Schaffst du es selbst? Die Wahrscheinlichkeit ist gering, dass du ohne Hilfe aus deiner alten Welt, in die neue hineingelangst. Das erfordert übernatürliche Kräfte, die zu bewerkstelligen sind. Als Huhn plötzlich wie ein Adler zu fliegen, ist nicht leicht. Nimm dir einen Trainer, neudeutsch Coach genannt, zur Hilfe, ein Adler, der mit viel Erfolg unterwegs ist. Da gibt es ein paar Parameter, welche unbedingt zu beachten sind, um womöglich nicht vom Regen in die Traufe zu gelangen.

20 Jahre mit Erfolg auf dem Markt

Dies ist der erste Parameter. Was nützt dir ein Coach, welcher gerade frisch von der Schule oder Ausbildung kommt? Er hat noch keine Lebens- und Erfolgserfahrung. Also kannst du es sofort vergessen. Da höre ich meist „Auch ein Anfänger muss seine Erfahrung sammeln!" Das ist gut, aber bitte nicht auf meine und deine Kosten, denn dadurch wird einiges zerstört. Du willst loslegen, bist voller Hoffnung, freust dich, dass es vorangeht. Du in eine neue Dimension hinein gelangst und gerätst an einen Theoretiker, das brauchst du nicht. Es ist in, Coach zu sein. Es hat sich bei einigen herumgesprochen, dass man damit Geld verdienen kann. So gehen einige Trainer hin und bieten das zusätzlich an. Genauso hat man angefangen, Arbeitslose als Coachs auszubilden. Wie wollen diese dich unterstützen?

Bücher geschrieben
Das ist ein weiterer Aspekt. Wenn jemand ein Buch geschrieben hat, ist er imstande seine Gedanken zu strukturieren, hat etwas zu sagen und zeigt Durchhaltevermögen. Hier höre ich des Öfteren „Ach, ich muss nicht auch noch ein Buch schreiben, wo es schon so viele gibt!" Voll in die Falle gelaufen, welch ein riesengroßer Schwachsinn. Was interessieren dich andere Bücher, du hast doch viel zu sagen und bewegst dich in einem anderen Segment. Also, wo ist das Problem? Lasse du dich nicht von solch dummen Floskeln beirren. Wer nicht fähig ist Bücher zu schreiben, ist auch nicht in der Lage mit Erfolg zu coachen.

Er muss bekannt sein
Was nützt dir ein Coach, den keiner kennt und der noch nichts bewegt hat? Nichts, aber gar nichts, wie kannst du das überprüfen? Gib bei Google den Namen mit Gänsefüßchen ein. Siehe zum Beispiel „Ernst Crameri." Es wird explizit nur der Name gesucht. Dann kannst du oben rechts ablesen, wie oft dieser Suchbegriff vertreten ist. Ich mache das häufiger und bin erstaunt, wie viele Menschen die vorgeben etwas zu sein, nicht ein einziges Mal vertreten sind. Und wenn, vielleicht nur einige Male. Richtig Erfolgreiche bewegen sich ab 80.000. Beachte diesen Parameter und du wirst manch lustige Begebenheit erleben. Mehr Schein denn Sein, ist nach wie vor die große Nummer.

Vorträge und Seminare halten
Auch dies zeichnet einen Coach aus. Das gehört dazu, dass man vor einer Gruppe reden kann und diese auch motiviert. Alles andere gibt keinen Sinn. Du solltest dich einmal bei einem Vortrag oder Seminar reinsetzen, damit du überprüfen kannst, was rüberkommt. Oft ist es so etwas von langweilig und bespickt mit

Hunderten von „Ähs, Ähs, Ähs!" Kennst du das? Sicherlich und das ist eklig, wenn jemand dermaßen spricht. Das nervt und ist die volle Breitseite der Unsicherheit.

Gratis Lektion

Das sollte der Mindeststandard sein. Wir handhaben das folgendermaßen, der Interessent schickt uns eine Email mit seinen Wünschen, Vorstellungen und wieso er gerade von uns gecoacht werden möchte. Danach folgt ein erstes, kurzes Telefongespräch, bei gegenseitigem Interesse, die Einladung zu einer kostenlosen Lektion, welche im Normalfall einen halben Tag dauert. Danach wird von beiden Parteien entschieden, ob das Coaching fortgeführt wird und in welcher Form.

Unterschiedliche Coaching-Formen

Das kann ein Einmal-Coaching, bis hin zum täglichen Coaching sein. Manchmal trifft man sich jede Woche, einmal im Monat, alle paar Monate, einmal im Jahr. Vor Ort bei dir kann gecoacht werden, im Urlaub und was natürlich beim täglichen Coaching praktiziert wird, ist per E-Mail und Telefon. Das hängt davon ab, was du erreichen willst und wie schnell.

Abschlusswort

Lieber Leser,

jetzt haben wir es geschafft. Ich danke dir, dass du so super mitgemacht hast. Du solltest dir für dein großes Durchhaltevermögen danken. Denn ohne dich wäre das alles nichts geworden. Du hast jetzt eine Menge neuer Erkenntnisse, alte Dinge aufgefrischt und bist voller Elan. Nun geht es ans Umsetzen, einiges hast du bereits eingeleitet oder bist gerade dabei. Die schwierigere Phase fängt jetzt an, über Wochen, Monate, Jahre und Jahrzehnte konsequent dran zu bleiben. Nie mehr in den Hühnerstall zurückzukehren. Das passiert leider zu oft, wenn es nicht auf Anhieb klappt, man sich von den Zweifeln und Ängsten leiten lässt. Da sind noch die lieben Mitmenschen, die es nicht unversucht lassen uns zurückzuholen. Das Ganze nicht aus Nächstenliebe, sondern aus reinem Eigennutz. Schließlich macht es Spaß, auf einen Gefallenen herunter zu schauen. Dadurch hat man die Chance, sich selbst groß darzustellen.

Exakt diese Nummer darfst du dir nie mehr geben. Darum sei hartnäckig und gebe niemals auf. Ich kann dir nur ans Herz legen, höre nie aber auch gar nie mehr auf Dummschwätzer. Sie sind der Abgrund der Menschlichkeit. Gehe deinen Weg, hole dir einen Coach, trainiere täglich, schaue dir den Film „Die Möwe Jonathan" unbedingt an. Schließe dich mit anderen Erfolgreichen zusammen. Hüte dich ab sofort irgendeinen Menschen missionieren zu wollen. Lasse jeden, wie er ist. Du kannst ihm die Hand reichen, genauso wie ich das tue. Einmal mit dem Buch und mit dem Angebot des kostenlosen Coachings. So hast du und in deinem Fall, der andere die Chance, die Hand zu ergreifen oder nicht. Wenn dir das Coaching zu unsicher ist, kommst du auf die im Frühjahr und Herbst stattfindende Schulung „Bist du ein Huhn oder ein Adler?" Dort erlebst du an zwei intensiven Tagen alles, was dazu nötig ist, einen Durch- und Überblick zu haben.

Packe dein Leben an, mache eine riesige Meisterleistung daraus. Du hast alles, aber alles in dir, bist großartig und phänomenal. Du bist ein Genie, nur leider hast du es noch nie ausgelebt. Genau das ist jetzt höchste Zeit, es zu tun. Und der Einzige, der in dir den Riesen wecken kann, bist du selbst. Du musst die Entscheidung fällen, einverstanden sein und dich auf den Weg machen. Tue es, tue es wirklich, gehe und verfolge deinen Weg. Du wirst wunderschöne Dinge erleben und endlich dich selbst sein. Das ist eines der schönsten Momente im Leben, die ein Mensch überhaupt nur haben kann, zu spüren, ja ich bin und wie.

Mit einem lachenden und einem weinenden Auge verabschiede ich mich von dir. Es hat mir unendlich Spaß gemacht, für dich das Buch zu schreiben. Es war wundervoll, dich begleiten zu dürfen. Das weinende Auge, weil es zu Ende geht. Die letzten paar Minuten sind gekommen. Das lachende Auge, weil ich weiß, erfolgreiche Adler sehen sich wieder, werden gemeinsam fliegen und wunderschöne Dinge erleben.

In diesem Sinne wünsche ich dir von ganzem Herzen alles Liebe und Gute auf deinem Lebensweg.

Herzlichst dein

Ernst Crameri

Meine und unsere Dienstleistungen

Da ich der Meinung bin, dass das Leben spannend und aufregend ist, habe ich mich nie mit einer einzigen Sache begnügt. Ich wollte immer wesentlich mehr tun und haben. Ein Mensch hat unendliche Fähigkeiten, darum gilt die Theorie von „Schuster bleib bei deinen Leisten" schon lange nicht mehr. Vergessen Sie das, und dass man den erlernten Beruf beibehalten sollte, ist auch ein Ammenmärchen. Das Leben ist Vielseitigkeit und spannend, wenn wir etwas daraus machen. Deshalb freue ich mich sehr, Ihnen die verschiedensten Dienstleistungen zur Verfügung zu stellen. Gerne bin ich und mein Team für Sie da, um Ihnen die Wünsche von den Augen abzulesen, Sie zu verwöhnen und dazu beizutragen, dass Sie ein wundervolles Leben auf Erden führen können.

Hier die Dienstleistungen nach alphabetischer Reihenfolge
Wählen Sie aus dem großen Leistungsspektrum und fragen Sie nach den Konditionen. Gerne sind wir für Sie da und beantworten Ihnen alle Fragen, denn glückliche und begeisterte Kunden sind unser Ziel.

- Bücher schreiben
- Einzelbehandlungen (Fitness/Wellness/Schönheit)
- Erfolgsproduzent und –coachings
- Events
- Hoteltesting
- Hörbücher
- Mystery X Tests
- Naturkosmetik-Produkte
- Privat-Jet
- Reisen

- Schönheitsfarm
- Seminare
- Vorträge

Bücher schreiben

Sie erhalten von uns Bücher, zu den verschiedensten Themen, rund um das Leben. Ebenso bieten wir Ihnen das Ghostwriting an. Das heißt, wir schreiben für Sie Ihr Buch. Ganz wichtig für Unternehmer, denn ein eigenes Buch schafft eine wunderbare Reputation. Wenn Sie ein neues Produkt auf den Markt bringen, ist es ideal, wenn Sie das passende Buch dazu anbieten. Als Fachmann zeigen Sie durch ein eigenes Buch eine hohe soziale Kompetenz.

Unsere Kunden, die sich von der Masse der Mitbewerber abheben wollen und damit einen anderen Nimbus erhalten. **Ärzte,** die ihre spezielle Behandlung publizieren. **Hotels,** die über ihr Haus mit besonderen Eigenheiten berichten. **IT-Firmen,** die etwas Neues entwickelt haben und weitere Firmen, quer durch alle Branchen.

Wieso Ernst Crameri: Weil ich zurzeit bereits 50 Bücher geschrieben habe und weitere folgen. Weil ich weiß, wie es in der Branche abgeht, welche besonderen Kenntnisse erforderlich sind, ein Buch zu schreiben und zum Erfolg zu bringen.

Einzelbehandlungen (Fitness/Wellness/Schönheit)

Wir leben nur ein Mal und unseren Körper nennt man auch treffend, den Tempel, in dem die Seele und der Geist wohnt. Damit der Organismus möglichst lange auf einem hohen Level funktioniert, ist es dringlich, dass wir ihn pflegen und für ihn da sind. Sie erhalten Behandlungen von Kopf bis Fuß. Von intensiver Massage, über fernöstliche Behandlungen und den verschiedensten Spezialanwendungen. Näheres auf der Webseite www.wellness-einzelbehandlungen.de.

Unsere Kunden sind Menschen, die mehr für sich tun wollen. Den Zeitgeist klar erkannt haben, wie wichtig es ist, dass man sich behandeln und pflegen lässt. Vom jungen Mädchen, bis hin ins höchste Alter hinein. Männern wie Frauen, die sich verwöhnen lassen.

Wieso Ernst Crameri: Weil ich aufgrund der jahrelangen Erfahrung einen riesigen Fundus an Wissen und Können mitbringe. Durch die Hotels weiß ich auch, wie und was läuft. Genauso wie auch die Schwachstellen in den einzelnen Firmen. Ein qualifiziertes Team an Behandlern wartet auf Sie.

Erfolgsproduzent – und coachings
Als Erfolgreicher ist eines wichtig, das Erfolgswissen weiter zu vermitteln und anderen Menschen zu helfen, zum Erfolg zu gelangen. Das ist in jeder Hinsicht eine wundervolle Aufgabe. Es gibt folgende Arten von Coachings, einmal vor Ort in den Firmen, dann am Telefon. Es geht mit täglichen und wöchentlichen Coachings los. Wenn eine Veränderung stattfinden soll, ist es dringlich, dass man dran bleibt. Denn die alten Gewohnheiten lassen sich nicht über Nacht über Bord werfen. Es ist stets ein längerer Prozess, ein Reifeprozess der stattfindet.

Wer sind die Kunden, von kleinen Kindern bis hin ins höchste Alter. Es sind Menschen, die etwas in ihrem Leben verändern möchten. Für die es in dieser Art nicht mehr weiter gehen kann. Wichtig dabei ist der klare, eiserne Wille, der Veränderung. Von Einzelpersonen aus allen Schichten und Berufszweigen, bis hin zu großen Firmen.

Wieso Ernst Crameri: Weil ich weiß, wie man aus Menschen Spitzenleistungen rausholt, sie mit einem Lachen und dennoch der nötigen Ernsthaftigkeit zum Erfolg führt. Erfolg ist kein Zufall, sondern planbar.

Events

Wir organisieren große Events, für die verschiedensten Veranstalter. Dabei übernehmen wir die komplette Dienstleistung der Lokationssuche, bis hin zum Catering und kompletten Handling, dass die Veranstaltung reibungslos abläuft. Selbst organisieren wir eigene Events in der gesamten Welt und für Firmen, die für ihre besten Mitarbeiter Incentives ausrichten.

Wer sind unsere Kunden, Firmen und Seminarveranstalter, die das Handling einem Profi überlassen. Genauso wie Einzelpersonen, die ein außergewöhnliches Fest, wie zum Beispiel Hochzeit, Geburtstag oder sonstige Festivitäten ausrichten.

Wieso Ernst Crameri: Events zu organisieren erfordert einen riesigen logistischen Aufwand, es sind viele Parameter, die zusammen spielen, damit es reibungslos über die Bühne geht. Ein qualifiziertes Team steht Ihnen, mit Ernst Crameri, während der Veranstaltung vor Ort zur Verfügung und managt den gesamten Ablauf.

Hörbücher

Hörbücher als wunderbares Instrument, für die Fort- und Weiterbildung. Ideal beim Autofahren, als sogenannte rollende Universität, um neues Wissen zu erlangen. Ebenso beim Sport und auch im Alltag einsetzbar.

Wer sind die Kunden, von der Einzelperson bis hin zu Firmen, die für ihre Mitarbeiter unsere Hörbücher bestellen und verschenken. Oder sogar als Pflichtprogramm für das eigene Team einsetzen. Nur wer permanent trainiert hat Erfolg.

Wieso Ernst Crameri: Weil ich mit meiner Sprache voller Begeisterung, die Leute motivieren kann. Die Sprache und Ausdrucksweise muss fesselnd sein und die Zuhörer begeistern. Es muss im Gegenüber etwas ausgelöst werden. Ein sich Wiederfinden, um in die Umsetzung zu gelangen.

Mystery X Tests
Als Kunde in Geschäfte gehen und einkaufen, den Service, die komplette Dienstleistung zu überprüfen, um nachher die positiven wie negativen Seiten mit der Geschäftsleitung und dem Team zu analysieren. Danach in die Veränderung zu gehen, durch Training vor Ort.

Wer sind die Kunden, jeder der ein Geschäft hat und auf Servicequalität und Kundenzufriedenheit großen Wert legt. Denn die heutige Konkurrenzsituation ist riesig, wenn ein Kunde nicht zufrieden ist, geht er gleich. Dies gilt es zu vermeiden, und für die Kunden stets die allerbeste Leistung zu bieten.

Wieso Ernst Crameri: Weil ich die Zusammenhänge schnell erkenne und die Firmen wieder in den positiven Mehrwertbereich für die Kunden führe. Jede Firma hat sogenannte Leichen im Keller aber auch Goldadern. Ersteres gilt es zu eliminieren und die Goldadern zu bergen.

Naturkosmetik-Produkte
Herstellung und Vertrieb der eigenen Crameri-Naturkosmetik-Produktelinie, seit über 25 Jahren. Kein riesiges Sortiment, sondern ein straffes und hochkarätiges, für jeden Hauttyp. Spannend auch als White-Labeling, das heißt, die Produkte erhalten das Etikett des Kunden und sind somit seine Produktlinie.

Wer sind die Kunden, der Endverbraucher, welcher jeden Monat die Produkte für den persönlichen Bedarf bezieht. Schönheitsfarmen, Kosmetik-Studios, Friseure, Masseure, Physiotherapeuten, Farb- und Stilberaterinnen, Fußpfleger, Fachgeschäfte und Hotels beziehen die

Produkte. Bei White-Labeling handelt es sich um dieselben Kunden.

Wieso Ernst Crameri: Weil wir seit über 25 Jahren erfolgreich auf dem Markt sind, und Sie in uns einen zuverlässigen Partner haben. Von der Produktion bis hin zur Vermarktung.

Privat-Jet
Ein absoluter Traum, in den Privat-Jet einzusteigen und dies ohne lange Kontrollen und Warten. Die Maschine steht bereit, Sie fahren an und wenige Minuten später befindet sich der Jet bereits in der Luft. Schneller und bequemer geht es nicht.

Wer sind die Kunden, Einzelpersonen, die schnell von A nach B müssen. Skiflüge nach St Moritz, zum Autorennen nach Monte Carlo, nach Sylt und weitere spannende Flüge. Firmen, die ihre besten Kunden oder Mitarbeiter zu einem Incentive einladen.

Wieso Ernst Crameri: Weil wir seit über 20 Jahren in diesem Metier vertreten sind. Ich bin stets dabei und betreue die Gäste vor, während und an den Destinationen. Ich liebe es, mit dem Privat-Jet unterwegs zu sein.

Reisen
In die gesamte Welt, am meisten Kreuzfahrten auf Flussschiffen und auf den Weltmeeren. Mit wunderbaren Rahmenprogrammen, wie besonderen Ausflügen, Vorträgen und Seminaren. Ebenso exclusive 5* Hotels, auf der ganzen Welt.

Wer sind die Kunden, Einzelpersonen, die gerne auf den Events dabei sind und Firmen, die Incentivereise für ihr Team und ihre Kunden durchführen. Die besondere Belohnung für außergewöhnliche Menschen.

Wieso Ernst Crameri: Weil ich die schönsten und besten Schiffe persönlich kenne. Bei den Reisen selbst dabei bin, oder das qualifizierte Team.

Schönheitsfarm
Naturkosmetik-Schönheitsfarm, mit ganzheitlichen Behandlungen von Kopf bis Fuß. Um sich richtig schön verwöhnen und die Seele baumeln zu lassen.

Wer sind die Kunden, 60% Frauen, die sich etwas Besonderes gönnen und 40% Männer. Diese sind immer stärker auf dem Vormarsch. Einzelpersonen buchen, genauso wie Frauen die ihre beste Freundin oder Mutter mitbringen, bis hin zu Vereinen und Firmen. Männer, die aufs Seminar kommen und die Frauen werden in der Zeit verwöhnt.

Wieso Crameri-Naturkosmetik: Wir sind bereits seit über 35 Jahren auf dem Markt und bilden auch im Beauty & Wellnessbereich aus. Ein hoch qualifiziertes Team wartet auf Sie.

Seminare
Zum Thema Erfolg und alles, was damit zusammenhängt, ganzheitliche Rhetorik, Erfolgsdenken, Geld-Seminare, Ausbildungen zum Beauty&Wellness-Spezialisten, Erfolg im Internet, Social Media und vieles mehr.

Wer sind die Kunden, Einzelpersonen, die sich fort- und weiterbilden möchten. Firmen, die ihr Team zum Training und zur Ausbildung schicken.

Wieso Ernst Crameri: Durch Zehntausende von Schulungen und Seminaren, top im Training und stets auf dem Laufenden. Ferner gehöre ich zu den Top 100 Excellent Trainers in Europa. Mit großer Leidenschaft auf vielen Veranstaltungen dabei.

Vorträge
Spannende und fesselnde Vorträge vor kleinem und großem Publikum. Vorträge zu den verschiedensten Themen rund um Erfolg. Verstärkt Vorträge zum Thema Internet und hier vor allem Social Media.

Wer sind die Kunden, Organisationen, die mich engagieren, Verbände, Vereine und Firmen. Innovativ unterwegs, in eine völlig neue Welt des Erfolges.

Wieso Ernst Crameri: Durch die brillante Sprache und Ausdrucksweise, ein fesselnder Redner, welcher das Publikum begeistert. Sein schweizer Akzent und Humor, begeistert die Zuhörer im In- und Ausland.

Bei Fragen wenden Sie sich bitte direkt an

Crameri-Naturkosmetik GmbH
Mannheimerstr. 11b
67098 Bad Dürkheim
Tel. 0049-6322-5734
Fax 0049-6322-66071
E-Mail: Sekretariat info@crameri.de
Geschäftsleitung gn@crameri.de

Ein Auszug aus unseren Werken

Ein Millionär als Traumpartner

Partnerschaftsratgeber gibt es in Hülle und Fülle. Trotz des prasselnden Feuerwerks an gut gemeinten Informationen und Richtlinien, scheinen die Menschen ihr Verhalten nicht anzupassen und werden in Beziehungen immer unglücklicher und unglücklicher.

"Ein Millionär als Traumpartner" packt dieses Problem von einer ganz neuen Seite an. Es wird ganzheitlich vorgegangen. Anstatt den Menschen Vorschriften zu machen, wird ihnen ein Spiegel vorgehalten, der klar macht, wo die Ursachen für die Umsetzungsprobleme liegen.

Weitere Bücher finden Sie unter www.bücherverlag.com
oder unter www.buchverlag24.de

Fange endlich an zu leben

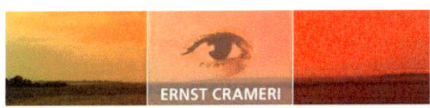

Fange endlich an zu leben

Du hast kein ewiges Leben,
auf was willst Du noch warten?

Nimm endlich Dein Leben in die eigenen Hände
und mache eine Meisterleistung daraus

Ein Titel, welcher schon lange fällig war. Die meisten Menschen leben leider, als hätten sie ein ewiges Leben. Vieles wird immer wieder auf irgendwann verschoben. In der Hoffnung, dass es besser wird oder sich so manches von alleine erledigt.

Dem ist aber leider nicht so. „Von nichts tut sich auch nichts!" Das Buch geht ans Eingemachte. Um klare Fakten, endlich sein Leben voll und ganz in die eigenen Hände zu nehmen und für sich selbst Verantwortung zu tragen.

Weitere Bücher finden Sie unter www.bücherverlag.com
oder unter www.buchverlag24.de

Wahrheit und Klarheit im Kosmetik- und Wellness-Institut

Hier geht es um viele Fakten in der Wellness-Branche. Was oft als Wellness verkauft wird, hat fast nichts damit zu tun. Eine klare Abrechnung mit den schwarzen Schafen, die leider eine wunderbare Branche in hohem Maße durch Ignoranz und Inkompetenz, in Misskredit bringen.

Dies muss wahrhaftig nicht sein. Das Buch dient für Wellness-Bewusste als klare Entscheidungshilfe, was zu erwarten und auch einzufordern ist. Genauso, was zu tun ist, im Falle von schlechter Leistung. Es geht um mündige Bürger, die ihre Rechte und Pflichten klar kennen. Für die Fachwelt dient das Buch als Unterstützung sich danach richten zu können, was alles wichtig ist, um zum Erfolg zu gelangen.

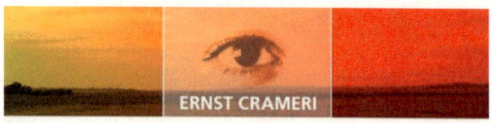

Weitere Bücher finden Sie unter www.bücherverlag.com oder unter www.buchverlag24.de

Horror
Eingewachsene Zehennägel

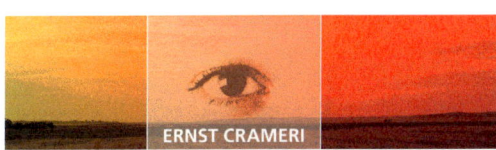

Horror
Eingewachsene Zehennägel

Woher kommen eingewachsene Nägel

Was können Sie dagegen tun

Wertvolle Tipps aus der Praxis

Der Horror für jeden, der schon einmal in den Genuss eines eingewachsenen Zehennagels kam. Das dünnste Leintuch ist oft eine große Qual, Schmerzen ohne Ende. Angefangen mit leichtem Einwachsen, bis hin zu den schlimmsten Entzündungen. Leider ist das Verständnis für diese Störung nicht vorhanden.

Sowohl der Laie als auch die Fachwelt setzen des Öfteren viele große Fragezeichen. Schade, denn durch eine Nagelspangenkorrektur, wie man sie auch aus der Zahnmedizin kennt, ist sehr wohl Abhilfe zu schaffen. Ein Buch für den Profi wie den Laien, sich hier zu Recht zu finden.

Weitere Bücher finden Sie unter www.bücherverlag.com
oder unter www.buchverlag24.de

Gib niemals auf, sei kein Verlierer

Leider sind wir zu einer Nation von Aufgebern mutiert. Kaum zeichnet sich die kleinste Schwierigkeit ab, werfen wir die Flinte ins Korn. Damit muss endlich Schluss sein!

Nehmen Sie Ihr Leben in Ihre eigenen Hände und lassen Sie sich von nichts, aber gar nichts irritieren. Bleiben Sie dran und Sie gewinnen. Es ist Ihr Geburtsrecht, als Gewinner durchs Leben zu gehen.

Denken Sie immer daran, „Der Erfolgreiche beginnt da, wo der Erfolglose aufhört!" Zu welcher Gruppe möchten Sie sich zählen? Sie haben die Wahl, wählen Sie bewusst und dann ziehen Sie es durch, ohne "Wenn und Aber."

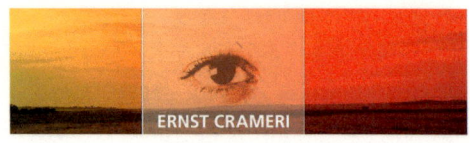

Gib niemals auf, sei kein Verlierer

Schluss mit der Miserie

Wertvolle Tipps für die Durchhaltestrategie

Weitere Bücher finden Sie unter www.bücherverlag.com
oder unter www.buchverlag24.de

Bist du ein Mörder
Ich habe mein Tier einschläfern lassen

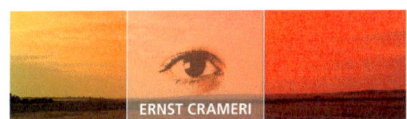

Bist du ein Mörder?

Ich habe mein Tier einschläfern lassen

Hilfe aus diesem Dilemma

Das Buch dient zur Unterstützung, für die letzten Stunden im Leben Ihres Schatzes. Irgendwann kommt das unvermeidliche Ende! Sie stehen davor, können es nicht fassen, versuchen es auszublenden. Ertragen das Leiden Ihres Freundes nicht mehr. Sie wünschen, dass Ihr Schatz sanft und friedlich einschläft, und wollen nicht die letzte Entscheidung treffen.

Sie kämen sich dabei wie der Herrscher über Leben und Tod vor. Das Buch hilft Ihnen, in diesen schweren Stunden, mit vielen wertvollen und selbst erlebten Inputs. Alle Höhen und Tiefen, der unendliche Schmerz, der alles übertrumpft, was bisher jemals da war. Es hilft Ihnen, zu einer Entscheidung zu gelangen. Besser mit Ihrer unsäglichen Trauer klar zu kommen.

Weitere Bücher finden Sie unter www.bücherverlag.com oder unter www.buchverlag24.de